ERNST RATERS

Die Entwicklung des raumbezogenen Versorgungsverhaltens und des
zentralörtlichen Versorgungsgefüges unter besonderer Berücksichtigung
von Veränderungen des Einkommens und des Raumwiderstandes

D1735477

Schriften zu Regional- und Verkehrsproblemen in Industrie- und Entwicklungsländern

Herausgegeben von J. Heinz Müller und Theodor Dams

Band 19

Die Entwicklung des raumbezogenen Versorgungsverhaltens und des zentralörtlichen Versorgungsgefüges unter besonderer Berücksichtigung von Veränderungen des Einkommens und des Raumwiderstandes

Ein Beitrag zur Dynamisierung der Theorie der zentralen Orte

Von

Dr. Ernst Raters

DUNCKER & HUMBLOT / BERLIN

Alle Rechte vorbehalten
© 1976 Duncker & Humblot, Berlin 41
Gedruckt 1976 bei fotokop, wilhelm weihert, Darmstadt
Printed in Germany

ISBN 3 428 03604 2

Vorwort der Herausgeber

Der Verfasser liefert mit seiner Arbeit einen wichtigen Beitrag zur Dynamisierung der Theorie der zentralen Orte. Sein Ausgangspunkt ist die Feststellung, daß sowohl die Determinanten der Nachfrage nach zentralen Diensten an einem bestimmten Ort als auch die Bestimmungsgründe für das entsprechende Angebot im Zeitablauf Wandlungen unterworfen sind. Das Schwergewicht der Arbeit liegt dabei auf einer Analyse der Veränderungen der Nachfrage; das Angebot paßt sich nach Meinung des Verfassers diesen Änderungen an.

Ausgehend von einem örtlichen Versorgungsniveau wird eine Attraktivitätsfunktion abgeleitet, deren Verlauf ab einer bestimmten Höhe des Versorgungsniveaus einen Grenznutzen von Null bei weiterer Vermehrung der zentralen Einrichtung aufweist, wobei Kosten und Erträge der Informationssuche in diese Theorie der zentralen Orte mit einbezogen werden.

Durch Gegenüberstellung der Attraktivitätsfunktion und einer räumlichen Widerstandsfunktion (Distanzfunktion) lassen sich räumliche Präferenzfunktionen ermitteln, mit deren Hilfe es möglich ist, die räumliche Verteilung der Nachfrage nach zentralen Diensten verschiedener Ordnung abzuleiten. Die Auswirkungen von Veränderungen der räumlichen Präferenzfunktionen auf die Verteilung der Nachfrage werden dann in Abhängigkeit von verschiedenen Größen, wie z. B. Einkommensänderungen und Änderungen des Raumwiderstandes, im einzelnen analysiert. Der Verfasser zeigt, wie durch derartige Änderungen der räumlichen Nachfragestruktur Verschiebungen der räumlichen Angebotsstruktur und damit des räumlichen Zentralitätsgefüges induziert werden.

Die Arbeit gibt damit neue Ansätze für eine Weiterentwicklung der Theorie der zentralen Orte, die seit Christaller im Mittelpunkt bei der Erklärung räumlicher Vorgänge steht.

Freiburg, im März 1976

Theodor Dams   *J. Heinz Müller*

Vorwort des Verfassers

Der Verfasser ist all denen zu Dank verpflichtet, die ihm bei der Anfertigung dieser Arbeit behilflich waren und Informationen und Anregungen gaben. Mein besonderer Dank gilt Herrn Professor Dr. J. Heinz Müller, Direktor des Instituts für Regionalpolitik und Verkehrswissenschaft der Universität Freiburg im Breisgau, der diese Untersuchung anregend und fördernd begleitete. Weiterhin spreche ich den Herausgebern der Schriften zu Regional- und Verkehrsproblemen in Industrie- und Entwicklungsländern für die Aufnahme der Arbeit in ihre Reihe meinen Dank aus.

Die Arbeit wurde im Juni 1975 abgeschlossen.

Hannover, im Februar 1976

Ernst Raters

Inhaltsverzeichnis

E i n l e i t u n g

Die ersten raumwirtschaftlich orientierten Ansätze
in der nationalökonomischen Lehre hatten ihren Ur-
sprung v.a. in Problemen der Produktion wie etwa
Ricardos "Gesetz der komparativen Kosten"[1] oder v.
Thünens[2] grundlegendes Werk: "Der isolierte Staat".
Auch die spätere Entwicklung einer "Standorttheorie"
befaßte sich fast ausschließlich mit der Frage nach
dem optimalen Standort der Produktion, insbesondere
der industriellen Betriebe.

Die räumlichen Aspekte der Verteilung (von Waren und
Diensten) und der Konsumtion blieben lange Zeit unbeachtet. Das System des Tausches, welches das Angebot
des Produzenten und die Nachfrage des Konsumenten auf
einem Markt zusammenführt, wurde zunächst losgelöst von
Raum und Zeit theoretischen Erklärungsversuchen unterworfen (Preistheorie). Die Bedeutung der räumlichen
Zuordnung von Märkten und die entscheidende Bedeutung
des Marktes für die Bildung menschlicher Siedlungen
wurde als einem der ersten von Max Weber[3] erkannt.Der von
Max Weber hervorgehobene funktionale Charakter von Siedlungen wurde von W. Christaller[4] aufgegriffen und zu

---

1) vgl. D. Ricardo: Grundsätze der Volkswirtschaft
   und Besteuerung, (übertragen aus dem Englischen:
   On the Principles of Political Economy and Taxation),
   3. Aufl., Jena,1923, S. 125 ff.
2) vgl. J.H.von Thünen: Der isolierte Staat in Beziehung auf Landwirtschaft und Nationalökonomie,
   Hamburg,1826.
3) vgl. Max Weber: Wirtschaft und Gesellschaft,
   Grundriß einer verstehenden Soziologie, Studien-
   ausgabe, hrsg. v.J.Winckelmann, 2. Halbband, Köln,
   Berlin, 1964, S. 923 ff: Die nichtlegitime Herr-
   schaft (Typologie der Städte), Erstabdruck im"Archiv für Sozialwissenschaft und Sozialpolitik",
   Bd. 47, 1921, S. 621 ff unter dem Titel "Die Stadt".
4) vgl. W. Christaller: Die zentralen Orte in Süddeutschland. Eine ökonomisch-geographische Untersuchung über die Gesetzmäßigkeit der Verteilung
   und Entwicklung der Siedlungen mit städtischen
   Funktionen, Jena,1933, im folgenden zitiert nach
   Neuauflage: Darmstadt, 1968.

einer allgemeinen Theorie der Austauschbeziehungen zwischen
örtlich gebundenem Angebot (Leistungsangebot des tertiären Bereichs) und der räumlich verteilten Nachfrage
ausgebaut. Die Verteilung räumlicher Siedlungsschwer-
punkte wurde von ihm erklärt durch ihre Eigenart,
Standorte für zentrale Funktionen zu sein.

Die "Theorie der zentralen Orte" wurde in der Folgezeit
v.a. unter Berücksichtigung ihres strukturellen Aspekts
weiterentwickelt und in zahlreichen empirisch orientierten Arbeiten Verifizierungsversuchen unterworfen oder
als theoretisches Gerüst verwandt[1].

Der prozessuale Aspekt der "Theorie der zentralen Orte",
der in dem permanenten Austausch zwischen örtlich
konzentriertem Angebot und räumlich verteilter Nachfrage
zum Ausdruck kommt und der die Entwicklung des zentralörtlichen Systems bedingt, ist in der Vergangenheit nur
wenig beachtet worden. Dies ist v.a. auf die statische
Formulierung der Christaller'schen Theorie zurückzuführen.

Gegenwärtig gewinnen die Entwicklungsprozesse, welche
zur Ausbildung und Veränderung zentralörtlicher Systeme
geführt haben und führen, insbesondere für die Raumplanung an Bedeutung, die nach Möglichkeiten der Steuerung
dieser Prozesse sucht[2]. Dieses Interesse an einer Untersuchung der Dynamik zentralörtlicher Systeme spiegelt

---

1) vgl. B.J.L.Berry and A.Pred: Central PlaceStudies - a
   Bibliography of Theory and Applications. (Including
   Supplement through 1964), Bibliography Series number
   one, Regional Science Research Institute, Philadelphia
   1965.
   An die Bibliographie von Berry u.Pred schließt zeitlich
   die Bibliographie von K. Gustafsson und E. Söker an:
   Bibliographie zum Untersuchungsobjekt "Zentrale Orte
   in Verdichtungsräumen". Akademie für Raumforschung
   und Landesplanung, Arbeitskreis "Zentralörtliche
   Erscheinungen in Verdichtungsräumen", 1971
2) vgl. K.A.Boesler: Infrastrukturpolitik und Dynamik
   der zentralen Orte. In: Aktuelle Probleme der geographischen Forschung. Festschrift für J.H.Schultze = Abhandlungen des ersten Geographischen Instituts der Freien
   Universität Berlin Bd.13(1970), S.312

zu einem Teil der feststellbare Trend (v.a. in der
englischsprachigen Literatur) zugunsten von verhal-
tensorientierten Analysen wieder. Doch wie R.J.Johnston
und P.J.Rimmer bedauern: "To date, most work has been
concerned with the identification of hierarchical systems
and spatial structures, and only recently have investigation developed an interest in the behavioral concepts
on which the structural parts of central place theory
are based."[1]

Die vorliegende Arbeit benutzt einen verhaltensorien-
tierten Ansatz. Im Mittelpunkt steht der Konsument,
der sowohl die Art seines Konsums als auch den Ort
des Konsums bestimmt. Es gilt, die wichtigsten Bestimmungsgründe der räumlichen Präferenzen des Konsumenten
zu ermitteln, um so eine Basis für die Ableitung raum-
bezogener Konsumentscheidungen zu erhalten. Die Elemente,
welche zur Erklärung der räumlichen Präferenzen des
Konsumenten herangezogen werden, beanspruchen nicht, die
einzig wirksamen zu sein, aber sie sind doch die wesentlichen, um verschiedene Aspekte beobachtbaren individuellen räumlichen Verhaltens zu erklären.

Die örtliche Orientierung der vom Konsumenten ausgehen-
den Nachfrage bleibt nicht ohne Wirkung für die Struktur
des zentralörtlichen Angebots. Die Dynamik, d.h. die
Veränderung des zentralörtlichen Systems im Zeitablauf,
erklärt sich vielmehr aus dem Anpassungsprozeß zwischen
örtlicher Nachfrageorientierung und zentralörtlichen
Angebotsstrukturen.

Die Erklärung derartiger Prozesse und Strukturen geschieht in dieser Arbeit v.a. auf der Basis ökonomi-
scher Größen und stützt sich vielfach auf vereinfachende

---

1) R.J.Johnston and P.J.Rimmer: A Note on Consumer
   Behavior in an Urban Hierarchy. in: Journal of Regional Science, Vol.7,   (1967), S.161

Annahmen. Dies scheint gerechtfertigt, da mit
J.Tinbergen auch für die vorliegende theoretische Analyse festzustellen ist: "Not all forces at work are
economic forces. Yet economic forces seem to play an
important role. Economic theory so far has neglected
the subject. An explanation of the size distribution
requieres the introduction of location and hence of
transportation and communication into economic theory.
This constitutes an enormous complication because of
large increase in the number of variables which a
full-fledged introduction of these elements would
requiere. Therefore, any theory of the economics of
space has to start out with simplifying assumptions."[1]

---

1) J.Tinbergen: The Hierarchy Modell of the Size
Distribution of Centers. in: Papers of the Regional
Science Association, Vol. 20 (1967), S.65
vgl. auch: E.von Böventer: City Size System, Theoretical
Issues, Empirical Regularities and Planning Guides in:
Urban Studies, Vol.10 (1973), S.145

1. Mensch und Raum im Systemzusammenhang

1.1 Arten raumrelevanter Aktivitäten

Die Befriedigung der vielfältigen menschlichen Bedürfnisse äußert sich und läßt sich zusammenfassen in bestimmten Grunddaseinsformen:[1]

(1) Wohnen
(2) Arbeiten
(3) Versorgen
(4) Bilden
(5) Erholen
(6) Verkehren

Alle Grunddaseinsformen beinhalten Aktivitäten, die
sich im Raum vollziehen und in den meisten Fällen mit
einer Bewegung im Raum verbunden sind. Daher können
die Grunddaseinsformen selbst als raumbezogene Aktivitäten aufgefaßt werden, die auf Bedürfnisbefriedigung
abzielen.

1.2 Die raumbezogenen Komponenten menschlichen Verhaltens

Die raumrelevanten Aktivitäten des Menschen sind nicht
als willkürliche Handlungen aufzufassen, vielmehr werden
sie geprägt von einer bestimmten sozialen Eingebunden-
heit, ökonomischen Faktoren und der landschaftlichen
Ausprägung des Raumes.[2]

---

1) vgl. K.Ruppert u.F.Schaffer: Zur Konzeption der Sozialgeographie, in: Geographische Rundschau, 21 (1969),
   S.208
   vgl. K.Ganser: Planungsbezogene Erforschung zentraler
   Orte in einer sozialgeographisch prozessualen Betrachtungsweise, in: Münchener Geographische Hefte, Nr.34
   (1964), S.48
2) vgl. E.Wirth: Zum Problem einer allgemeinen Kulturgeographie, in: Erde, 1969, S.167

Die raumrelevanten Aktivitäten des Menschen vollziehen
sich demnach in einem Kräftefeld, welches durch die
drei raumbezogenen Komponenten

-      landschaftliche Komponente,
-      ökonomische Komponente und
-      soziale Komponente

gebildet wird[1].

Neben den physisch-geographischen Ausprägungen des
Raums sind es v.a. die <u>kulturgeographischen Strukturen</u>
(Siedlungsstruktur, Verkehrsnetz etc.), die dem räumlichen Handeln des Menschen vorgegeben sind[2].
Die <u>ökonomische Komponente</u>, welche das verhalten-
steuernde Kräftefeld wesentlich mit aufbaut, beinhaltet
bestimmte ökonomische Größen (Transportkosten, Einkommen, Gewinn etc.), ökonomische Gesetzmäßigkeiten und
ökonomische Ziele (max.Bedürfnisbefriedigung, Gewinnmaximierung etc.)[3].

Die ökonomische Komponente wirkt aber nicht unmittel-
bar und ungebrochen auf das raumrelevante Verhalten
des Menschen; ihre Wirkung wird vielmehr filtriert
und differenziert durch die <u>soziale Komponente</u>, d.h.
durch die Wertsysteme und Normen, die für den Betreffenden

---

1) vgl. H.G.Wagner: Der Kontaktbereich Sozialgeographie-
   Historische Geographie als Erkenntnisfeld für eine
   theoretische Kulturgeographie, in: G.Braun (Hrsg.):
   Räumliche und zeitliche Bewegungen, Methodische und
   regionale Beiträge zur Erfassung komplexer Räume.
   Würzburger Geographische Arbeiten, Heft 37 (1972),
   S.35; vgl. auch D.L.Huff: A Topographical Modell of
   Consumer Space Preferences. In: Papers and Proceedings
   of the Regional Science Association, Vol.6 (1960),
   S.162 f.
2) vgl. H.G.Wagner, Der Kontaktbereich Kulturgeographie...
   a.a.O., S.33
3) vgl. E.Wirth: Zum Problem einer allgemeinen Kulturgeographie, a.a.O., S.168

gelten[1]. Die in den genannten raumbezogenen Komponenten zum Ausdruck kommenden Bedingungen für raumwirksame Entscheidungen hinsichtlich bestimmter raumrelevanter Aktivitäten setzen eine vollkommene Information des Entscheidungssubjekts voraus. Diese ist in der Realität nicht gegeben. Die Wirksamkeit der raumbezogenen Komponenten ist damit auch abhängig vom <u>Informationsgrad</u> des räumlich aktiven Menschen[2].

1.3 Raumstruktur und raumwirksamer Prozeß

Die raumbezogene kulturlandschaftliche, ökonomische und soziale Komponente mit ihren Leitgrößen und Gesetzmäßigkeiten bilden das Kräftefeld, dessen Kräfteresultante das räumliche Verhalten des Menschen bestimmt. Räumliches Verhalten äußert sich in raumwirksamen Aktivitäten, welche eine möglichst optimale Erfüllung verschiedener Daseinsfunktionen zum Inhalt haben. Betrachtet man die raumgebundenen Aktivitäten (z.B. Arbeiten oder Versorgen) zu einem Zeitpunkt t, so ergibt sich ein Bild vielfältiger funktionaler Beziehungen und Interaktionen, welche das Ergebnis des Kräftefeldes sind, in das der Mensch zum Zeitpunkt t eingebunden ist. Seine Aktivitäten sind gerichtet auf im Raum verstreute Einrichtungen (verortete Einrichtungen), in denen seine Daseinsfunktionen wahrgenommen werden können (Arbeitsplatz, Geschäft etc.). Die verorteten Einrichtungen sind als Teil der Raumstruktur[3] zu verstehen, die als kulturlandschaftliche

1) vgl. E.Wirth: Zum Problem einer allgemeinen Kulturgeographie, a.a.O., S.170
2) vgl. G.Olsson und S.Gale: Spatial Theory and Human Behaviour. In: Papers of the Regional Science Association. Vol.21 (1968), S.231
3) Der Begriff "Raumstruktur" beinhaltet hier das räumliche Gefüge von Einrichtungen (Wohnungen, Geschäfte, gewerbliche Betriebe etc.) und materieller Infrastruk-

Komponente eine Größe des räumlichen Verhaltens darstellt. Die Raumstruktur kann nicht als im Zeitablauf
konstant angenommen werden, vielmehr ist sie fortlau-
fenden Veränderungen unterworfen, die auf das räumliche
Verhalten Rückwirkungen ausüben. Der sich im Zeitablauf vollziehende Prozeß der Veränderung der Raumstruktur hat seine Ursache in der Veränderung der ökonomischen und sozialen Komponente des raumbezogenen Kräftefeldes[1]. Dies führt zu kontinuierlichen Veränderungen
der funktionalen Beziehungen und Interaktionen im
Raum und bewirkt eine Veränderung der räumlich gebundenen Festpunkte der Daseinsfunktionen (verortete Einrichtungen). "Die Landschaft wird als Prozeßfeld ge-
deutet, aus dem sich durch Aktivitäten der Gruppen,
d.h. bei ihrer Daseinsentfaltung, fortlaufend Strukturen
regenieren, abwandeln oder neu herauskristallisieren.
Die sichtbar gewordenen Strukturmuster in der Landschaft
sind gleichsam als 'geronnene Durchgangsstadien' früher
ablaufender Prozesse zu verstehen"[2]. Die Raumstruktur
ist als eine Komponente am raumwirksamen Prozeß beteiligt
und wird selbst im Prozeßablauf verändert[3]; diese Ver-

...tur (verkehrsmäßige Infrastruktur, etc.). Eine eingehende Diskussion des Strukturbegriffs erfolgt bei:
W.Duckert: Der Strukturbegriff in Landschafts- und
Planungsforschung. In: Aktuelle Probleme geographischer Forschung. Festschrift für J.H.Schultze.
= Abhandlungen des ersten Geographischen Instituts der
Freien Universität Berlin, Bd.13 (1970), S.421 ff.,
vgl.insbesond.S.428 f.

1) vgl. H.G.Wagner: Der Kontaktbereich Sozialgeographie...
a.a.O., S.45 f.
2) K.Ruppert und F.Schaffer: Zur Konzeption der Sozialgeographie, ...a.a.O., S.210
3) "Spatial structure and spatial process are circulary
causal" R.Abler, J.S.Adams and P.Gould: Spatial Organization, The Geographers View of the World,
Englewood Cliffs, 1972, S.60

änderungen gehen aber nur langsam vor sich, so daß
bestimmte Strukturmuster "sichtbar" werden[1].

Der raumwirksame Prozeß, welcher im Zeitablauf
zu einer Veränderung der räumlichen Strukturmuster
führt, soll durch folgende Skizze erläutert werden[2].

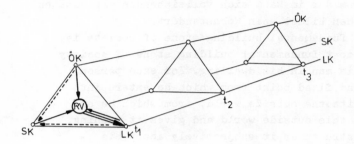

Abb.1   RV=raumbezogene Verhalten
         ÖK=Ökonomische Komponente
         SK=soziale Komponente

LK = Kulturlandschaftliche Komponente
a)   als überkommenes räumliches Strukturmuster, das
      das gegenwärtige raumbezogene Verhalten des
      Menschen mitbeeinflußt. ———————▶
b)   unterliegt als Folge von Veränderungen im raum-
      bezogenen Verhalten ebenfalls Veränderungen

1) vgl. B.J.L.Berry: Die wechselseitige Abhängigkeit
   zwischen Bewegungen im Raum und räumlichen Strukturen.
   Zur Grundlegung einer allgemeinen Feldtheorie. In:
   Geographische Zeitschrift, Bd.59 (1971), S.84 f.
2) vgl. H.G.Wagner: Der Kontaktbereich Sozialgeographie...,
   a.a.O., S.44

1.4 Ableitung des Systemzusammenhangs

Die verschiedenen raumgebundenen Aktivitäten
- haben ein gemeinsames Bezugssystem : das Kräftefeld
  der raumbezogenen Komponenten und
- stehen in einem wechselseitigen Zusammenhang.

Das Zentrum der im Raum sich vollziehenden Aktivitäten
des Menschen bildet sein Wohnstandort.
"The most fundamental building stone of society is
man, the most fundamental building stone of society
in space is man in his dwelling. For each person
this is the fixed point from which he enters into
contact with the outside world, from which he ex-
periences this outside world and gives it meaning,
in fact, structures it subjectively about his
dwelling."[1] Der Wohnstandort ist in einem sich wieder-
holenden Zyklus Ausgangspunkt und Endpunkt der zur
Bedürfnisbefriedigung notwendigen raumüberwindenden
Maßnahmen. Das Ziel dieser Transaktionen sind die
verorteten Einrichtungen wie Arbeitsplatz, Geschäfte,
Bildungseinrichtungen, kulturelle Einrichtungen etc.[2]

---

1) P.P.Dordregter: The City region as a displacement
   system. Operationalization and the theory in practical
   research. In: Tijdschrift voor Economische en Sociale
   Geografie, Vol. 60 (1969), S.156
2) vgl. F.S.Chapin: Activity System and Urban Structure:
   A Workung Schema. In: Journal of the American Institute of Planers 34, 1968, S.11 ff.

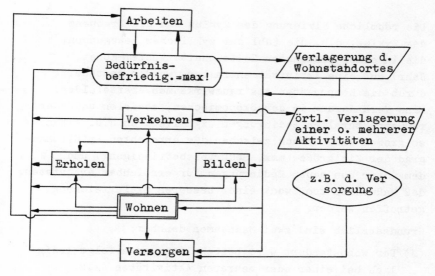

Abb.2

Aus Abb.2 wird deutlich, wie die räumliche Position
des Wohnens (der Wohnstandort) die räumlichen Positionen
der übrigen Aktivitäten beeinflußt. Im Umfeld des Wohnstandortes wird ein Arbeitsplatz eingenommen, werden
Einkäufe getätigt, Beziehungen zu anderen Menschen
geknüpft etc. Es entstehen im Umfeld[1] des Wohnstandortes
also zyklische raumüberwindende Bewegungen zwischen
den räumlichen Positionen der Aktivitäten und dem
Wohnstandort.

---

1) D.Klingbeil spricht in diesem Zusammenhang von einem
   "multifunktionalen Aktionsraum". Vgl.D.Klingbeil:
   Zur sozialgeographischen Theorie und Erfassung des
   täglichen Berufspendels. In: Geographische Zeitschrift, 57 (1969) S.171
   H.Bobek bezeichnet das Umfeld des Wohnstandortes als
   "Wirkungsfeld". Vgl.H.Bobek: Über den Einbau der
   sozialgeographischen Betrachtungsweise in die Kulturgeographie in: Verhandlungen des deutschen Geographen-
   tages, 33 (Köln 1961), Wiesbaden 1962, S.159

Die räumliche Fixierung des Zyklus und die Frequenz
des Zyklus, d.h. die Zahl der zyklischen Bewegungen,
die in einer bestimmten Zeiteinheit (Woche, Monat,
Jahr) auf eine Aktivität entfallen, werden gesteuert
durch die Komponenten des raumwirksamen Kräftefeldes.
Eine Veränderung in den ökonomischen, sozialen und/oder
raumstrukturellen Bedingungen signalisieren u.U. einen
so großen Widerspruch zwischen dem erreichten Erfüllungs-
grad der Zielgröße (max. Bedürfnisbefriedigung) und
dem unter den neuen Bedingungen für erreichbar erachteten,
daß Maßnahmen zum Zweck einer besseren Zielerreichung
getroffen werden.

Grundsätzlich sind zwei Maßnahmen denkbar:

(1) Der Wohnstandort wird beibehalten; es erfolgt ledig-
    lich bei einer oder mehreren Aktivitäten (z.B.
    Verlegung des Arbeitsortes oder eines Einkaufsortes)
    eine Verlagerung des bisherigen Zyklus.

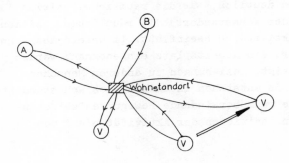

Abb.3

(2) Ein neuer Wohnstandort wird bezogen (Migration)

Die Verlegung des Wohnstandorts bedeutet, daß der
Aktionsraum des Migranten sich teilweise oder gänzlich
verändert[1]. Erfolgt die Verlegung des Wohnstandortes
an einen Ort, von dem aus alle Aktivitäten auf andere
als in den bisherigen Zyklen vorhandene Zielorte gerich-

---

1) vgl. J.Wolpert: Behavioral Aspects of the Decision to
   Migrate. In: P.W.English and R.C.Mayfield (Hrsg.):

tet sind, liegt eine <u>totale räumliche Verschiebung der</u> <u>Aktivitätenzyklen vor</u> [1].

Wird zwar der Wohnstandort verlegt, bleiben aber ein oder mehrere der bisherigen Zielorte erreichbar und werden sie nach wie vor in Anspruch genommen, so ist eine <u>partielle räumliche Verschiebung von Aktivitäten-</u> <u>zyklen</u> erfolgt.

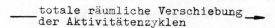

totale räumliche Verschiebung der Aktivitätenzyklen

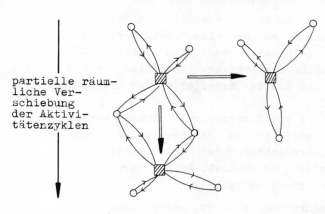

partielle räum-
liche Ver-
schiebung
der Aktivi-
tätenzyklen

Abb.4

...Man, Space, and Environment, Concepts in Contemporary Human Geography. New York, London, Toronto, 1972, S.401 ff.
Zum Problem des optimalen Wohnstandorts vgl.auch: W.C.Wheaton: Income and Urban Location. Dissertation, University of Pensylvania, 1972
1) vgl. C.C.Roseman: Migration as a Spatial and Temporal Process, in: Annals of the Association of American Geographers, Vol. 61 (1971), S.592 f.

2.   Die raumgebundene Aktivität der Versorgung
      und das räumliche Versorgungsgefüge

2.1   Der Begriff der Versorgung und ihre Stellung
      im Gesamtsystem raumbezogenen Verhaltens

Aus dem Gesamtkomplex raumgebundener Aktivitäten soll
lediglich die Aktivität der Versorgung, d.h. der
räumliche Versorgungszyklus, herausgegriffen
und einer näheren Analyse unterzogen werden. Der
Begriff der Versorgung soll für den Untersuchungs-
zweck der vorliegenden Arbeit weiterhin reduziert
werden.

- bzgl. der Konsumenten auf jene räumlichen Versorgungsbeziehungen, welche keine "Zwangsbeziehun-
  gen"[1] darstellen (d.h. alle räumlichen Aktionen,
  die auf öffentliche Einrichtungen entfallen, werden
  ausgeklammert) und die der materiellen Bedarfsdeckung
  dienen;

- bzgl. der Anbieter von Versorgungsleistungen auf
  jene Versorgungsangebote des konsumbezogenen -, pri-
  vatwirtschaftlichen Sektors: den Einzelhandel (Ge-
  bietskörperschaften, Großhandel, Handelsvermittlun-
  gen etc. bleiben außer Betracht).

Eine weitere Einschränkung erfolgt, indem Migrations-
entscheidungen unbeachtet bleiben, d.h. die räumliche
Position des Wohnstandortes unverändert bleibt. Es
sollen demnach nur die Veränderungen im räumlichen
Versorgungszyklus untersucht werden, die bei Konstanz
des Wohnstandortes eine Verschiebung der örtlichen
Nachfrageorientierung beinhalten und damit Rückwirkungen auf die räumliche Verteilung des Güterangebots auslösen.

---

1) vgl. Ch.Borcherdt: Zentrale Orte und zentralörtliche Bereiche. In: Geographische Rundschau, Bd.22
   (1970), S.474

Der Begriff der Versorgung kann sowohl auf den Konsum
von Waren und Dienstleistungen als auch auf ihre Bereitstellung bezogen werden; die räumliche Dimension
des Begriffs kann sowohl die räumliche Orientierung
der Nachfrage nach Waren und Dienstleistungen beinhalten als auch den Ort ihrer Bereitstellung. Der
Begriff der Versorgung umfaßt demnach:
- eine Nachfrageseite:
   • welche Waren und Dienstleistungen werden
     nachgefragt?

   • wie oft werden sie nachgefragt?

   • an welchen Orten werden sie nachgefragt?
     und
- eine Angebotsseite:
   • welche Waren und Dienstleistungen werden
     angeboten?

   • an welchen Orten werden sie angeboten?

Das Anliegen der vorliegenden Arbeit bezieht sich auf
die räumliche Dimension der Versorgung, d.h. die
Fragen: an welchen Orten werden Waren und Dienstleistungen nachgefragt und an welchen werden sie angeboten, stehen im Mittelpunkt der Untersuchung.

Abb.5 umreißt den systemhaften Zusammenhang zwischen
räumlicher Nachfrageorientierung und örtlichem Angebot. Für die Verteilung der örtlichen Alternativen
der Konsumwahl im Raum (d.h. die räumliche Verteilung
der Versorgungseinrichtungen) ist sowohl das raumbezogene Nachfrageverhalten der Konsumenten als auch
das Verhalten der Waren und Dienstleistungen anbietenden Produzenten verantwortlich.

Den Schwerpunkt dieser Arbeit bildet der räumliche
Aspekt des Versorgungsverhaltens der Konsumenten.

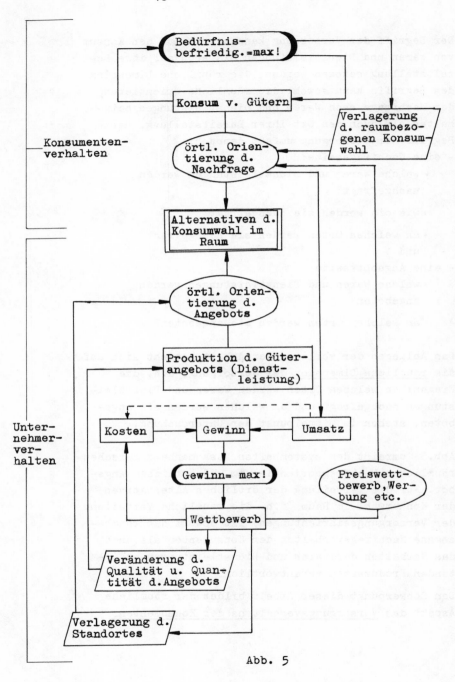

Abb. 5

Die im letzten Teil der Arbeit aufgeworfene Frage
nach der Entwicklung des zentralörtlichen Versorgungsgefüges muß aber notwendigerweise die Entwicklung des örtlichen Versorgungsangebots mitein-
beziehen, was eine Auseinandersetzung mit Unter-
nehmerentscheidungen im tertiären Bereich notwendig
macht.

2.2 Das räumliche Versorgungsgefüge

2.2.1 Das Siedlungsgefüge

"Unter dem Aspekt der Raumbindung aller Tätigkeiten
findet jede Wirtschafts- und Gesellschaftsordnung
ihre materielle Ausformung im Siedlungsgefüge, wobei
der Begriff Siedlungsgefüge alle vom Menschen bewirk-
te Veränderungen des Naturraums umfaßt".[1]

Das Siedlungsgefüge in einem Raum ist in phänomenolo-
gischer und funktionaler Hinsicht ein äußerst kom-
plexes Gebilde. Für den Einbau als kulturlandschaftliche Komponente in die Analyse raumrelevanten Versorgungsverhaltens ist dieser Komplex zu differenzie-
ren und auf die Bestandteile zu reduzieren, die für
den Analysezusammenhang notwendig sind und sich opera-
tional einbauen lassen.

Eine erste Differenzierung erfolgt, indem das Siedlungsgefüge in seine horizontale und vertikale Komponente zerlegt wird[2].

---

1) D.Bökemann: Zur Einführung des Zeitfaktors in die
   Theorie der zentralen Orte, in: Archiv für Kommunal-
   wissenschaft, 8(1969), S.70
2) vgl. B.J.Garner: Modells of Urban Geography and
   Settlement location, in: R.J.Chorley and P.Hagett
   (Hrsg.): Socio-Economic Modells in Geography, London,
   1967, S.306

Die horizontale Komponente beschreibt die Verteilung
der Siedlungen im Raum. Eine Systematisierung der Verteilung kann in einer Verteilungsmatrix erfolgen, die
die räumliche Zuordnung der einzelnen Siedlungen zu-
einander wiedergibt. Die räumliche Zuordnung erfolgt,
indem eine räumliche Verknüpfung der einzelnen Orte
mit Hilfe bestimmter Größen wie Distanzwerte, Transportkosten oder Zeitaufwand vorgenommen wird[1]. Die
einzelnen Orte können dabei bereits, nach ihrer vertikalen Ausprägung (Bedeutung) klassifiziert, in die
Matrix eingeordnet werden.

Orte	1	2	3	-------	n-1	n
1	0	d_{12}	d_{13}	-------	$d_{1,n-1}$	d_{1n}
2		0	d_{23}	-------	$d_{2,n-1}$	d_{2n}
3			0	-------	$d_{3,n-1}$	d_{3n}
⋮				0		
n-1					0	$d_{n-1,n}$
n						0

Bedeutung

Tabelle 1

Mit der Definition der vertikalen Komponente der
Siedlungsstruktur wird der Versuch unternommen, eine

---

1) vgl. R. Abler, J.S. Adams and P. Gould: Spatial Organization... a.a.O., S.75 f.

Differenzierung der verschiedenen Orte des untersuchten Raums nach bestimmten Merkmalsausprägungen
vorzunehmen. Der inhaltliche Zweck derartiger Dif-
ferenzierungen ist zumeist, eine Abstufung der Orte
eines Raums nach ihrer "Bedeutung" zu erhalten. In
vielen Fällen wird die Bedeutung eines Ortes einfach
mit seiner "Größe" verknüpft. Äußere Größenmerkmale,
wie räumliche Ausdehnung oder Zahl der Bewohner, sollen
die Bedeutung des Ortes zum Ausdruck bringen. W.Chri-
staller weist aber bereits darauf hin, daß eine solche
Definition nur sehr ungenau die wahre Bedeutung eines
Ortes wiedergibt[1]. Vielmehr vertritt Christaller die
Auffassung, daß die Bedeutung eines Ortes "das Ergebnis des Zusammenwirkens der wirtschaftenden Bewohner"
ist[2]. Die Ergebnisse des Zusammenwirkens kommen nach
Christaller in den meisten Fällen nicht nur den Bewohnern des Ortes selbst, sondern darüberhinaus auch der
Bevölkerung des umgebenden Gebietes zugute, so daß die
Gesamtbedeutung (B) eines Ortes nur zu einem Teil auf
die eigenen Bewohner (B_z) und der Rest $B-B_z$ auf das
Umland entfällt[3]. Das "Zusammenwirken" in einem Ort
bezieht sich aber bei Christaller nicht auf alle Leistungen, die von den Bewohnern des Ortes erbracht werden, sondern nur auf Dienstleistungen im weiteren
Sinne (Einzelhandel, Großhandel, Banken, ärztl.Versor-
gung, Behörden etc.)[4]. Hier wird bereits eine Beschränkung der "Bedeutung" eines Ortes bezogen auf bestimmte
Leistungen vorgenommen.

Derartige Leistungen schlagen sich nieder in einer ent-

---

1) vgl. W.Christaller: Die zentralen Orte..., a.a.O., S.26
2) Ders. ebenda, S.26
3) vgl. ebenda, S.27;vgl.auch R.E.Preston: The Structure
   of Central Place Systems, in: Economic Geography,
   Vol.47 (1971), S.138
4) vgl. ebenda, S.29

sprechenden Qualität und Quantität der Einrichtungen,
die für die verschiedenen Aktivitäten zur Verfügung
stehen, in der Zahl der Arbeitskräfte, die in den
Einrichtungen tätig sind, in den Umsätzen etc.

Christaller verknüpft nun die Bedeutung eines Ortes direkt mit der Zentralität desselben, indem er die "Zentralität" als "die relative Bedeutung eines Ortes in
bezug auf das ihn umgebende Gebiet" definiert. Die
Zentralität (Z) eines Ortes ist also identisch mit
seinem "Bedeutungsüberschuß"[1] ($Z = B - B_z$). Dabei wird
unterstellt, daß in Höhe des Bedeutungsüberschusses
auch tatsächlich eine Nachfrage in dem betreffenden
"zentralen Ort" durch die Bevölkerung des umgebenden
Gebiets erfolgt; d.h. diese Definition der Zentralität
setzt ein Gleichgewicht zwischen dem Leistungsangebot
eines Ortes, das nicht von der ortsansässigen Bevölkerung wahrgenommen wird und der Nachfrage des Umlandes
nach eben diesem Leistungsangebot voraus. Für den
Fall eines gestörten Gleichgewichts ist der Christaller'
sche Zentralitätsbegriff nicht brauchbar, da in diesem
Fall die beiden Größen: Nachfrage des Umlandes nach
den zentralen Leistungen und der Leistungsüberhang
("Bedeutungsüberschuß") im Angebot eines Ortes ausein-
anderfallen und daher nicht mehr wie bei Christaller
durch eine einzige Größe: die Zentralität erfaßt werden können.

In der empirischen Zentralitätsforschung bildet in
vielen Fällen die Christaller'sche Definition der
Zentralität die Basis für Verfahren zur Beschreibung
und Klassifizierung zentraler Orte. Dabei wird zumeist
von der Ausstattung zentraler Orte und damit implizite

---

1) vgl.W.Christaller: Die zentralen Orte, a.a.O., S.27

vom Angebotsüberhang ausgegangen und dann, dem Christaller'schen Ansatz folgend, auf die Zentralität des
Ortes geschlossen[1]. Da die bei Christaller vorausge-
setzte Gleichgewichtsbedingung in der Realität aber
kaum anzutreffen ist, wird der ermittelte Leistungsüberhang eines zentralen Ortes nur in seltenen Fällen mit
der zentralörtlich bezogenen Umlandnachfrage überein-
stimmen[2]. Beide Größen sind vielmehr in einem laufen-
den Anpassungsprozeß begriffen, wie noch zu zeigen
sein wird. Eine in obiger Weise ermittelte örtliche
Zentralität gibt in der Regel nicht die Umlandbedeutung
wieder, die ihr nach Christaller ex definitione zuge-
schrieben wird[3]. "Die Siedlungsstruktur ist stets Folge
der Wechselwirkungen zwischen sozialen und ökonomischen Entwicklungen einerseits und den räumlichen
Voraussetzungen andererseits; damit ist sie potentiell
instabil."[4] Hinzu treten methodische Probleme der Erfassung des Bedeutungsüberschusses eines Ortes.

Für den theoretischen Ansatzpunkt der vorliegenden Arbeit ist v.a. der Einwand der statischen Orientierung
des Christaller'schen Zentralitätsbegriffs zur Klassifizierung von Siedlungen der eigentliche Grund für eine

1) so O.Boustedt: "Eine Ballung vieler und verschieden-
artiger zentraler Institutionen an einem Ort bestimmt
den Charakter und den Grad seiner Zentralität und
damit auch seinen Versorgungsbereich". O.Boustedt:
Die zentralen Orte und ihre Einflußbereiche. Eine
empirische Untersuchung über die Größe und Struktur
zentralörtlicher Einflußbereiche. In: Proceedings of
the IGU Symposium in Urban Geography, Lund 1960
(hrsg. v.K.Norborg), Lund 1962, S.203; vgl. dagegen
C.Borcherdt: Versorgungsorte und zentralörtliche
Bereiche im Saarland. In: Geographische Rundschau,
Bd. 25 (1973), S.48
2) vgl. R.Klöpper: Zentrale Orte und ihre Bereiche. In:
Handwörterbuch der Raumforschung und Raumordnung,
2.Aufl., Hannover 1970, S.3857; vgl.auch: G.Kluczka:
Zentrale Orte und zentralörtliche Bereiche mittlerer
und höherer Stufe in der Bundesrepublik Deutschland,
in: Forschungen zur Deutschen Landeskunde, Bd.194
(1970) S.13
3) So schreibt G.Kluczka: "Zentrale Orte sind zunächst
als potentielle Zentren zu betrachten. Erst dadurch,

abweichende Definition der "Bedeutung" eines
Ortes.

Die Gesamtbedeutung eines Ortes soll eine Differenzierung nach zwei Seiten erfahren:
(1) Das gesamte <u>Leistungspotential</u> eines Ortes ist
    als eine Größe anzusehen;
    davon zu unterscheiden ist
(2) die <u>zentrale Bedeutung</u> des Ortes als zweite Größe.
    Als zentrale Bedeutung ist die Zusammenfassung
    der gesamten auf den zentralen Ort entfallenden
    Nachfrage nach zentralen Gütern[1] aufzufassen. Dabei
    ist neben der Nachfrage aus dem Umland des Ortes
    auch die ortsansässige Nachfrage miteinzubeziehen.

Wie bereits erwähnt, stimmen beide Größen in der Regel
nicht überein, d.h. dem Leistungspotential (Leistungsangebot: LAT) eines Ortes muß nicht unbedingt eine
gleich hohe Leistungsnachfrage (LNE) entsprechen; das
örtliche Leistungspotential kann zu hoch und auch zu
niedrig sein. Im ersten Fall ist LAT $>$ LNE
im letzteren LNE $>$ LAT. Beide Ungleichgewichtszustände
rufen bei den in diesen Prozeß einbezogenen Wirtschafts-
subjekten Reaktionen hervor, die in ihrer Tendenz auf

...daß sie durch regen Kontakt von der Umlandbevölkerung
   in Anspruch genommen werden, werden sie in Wert gesetzt und zu tatsächlich zentralen Orten". G.Kluczka:
   Südliches Westfalen in seiner Gliederung nach zentralen Orten und zentralörtlichen Bereichen. In: Forschungen zur deutschen Landeskunde, Bd.182 (1971),S.5
4) W.Moewes: Kleinräumliche Systemanalyse als notwendige
   Voraussetzung einer gezielten Gebietsentwicklung,
   erläutert an Teilräumen Mittelhessens. In: Geographische Rundschau, Bd.25 (1973), S.165
1) Zentrale Güter werden an wenigen, zentralen Punkten
   angeboten, um an vielen zerstreuten Punkten ver-
   braucht zu werden. Vgl.W.Christaller: Die zentralen
   Orte ..., a.a.O., S.28

eine Aufhebung des Ungleichgewichts und eine An-
näherung an ein neues Gleichgewicht ausgerichtet
sind.

In der vorliegenden Untersuchung werden die Versorgungsleistungen des Einzelhandels angesprochen; die
Begriffe örtliches "Versorgungsangebot" oder "Versorgungspotential" sowie der Begriff der "zentralen
Bedeutung" eines Ortes gelten im Folgenden einge-
schränkt für diesen Aspekt der Versorgung.

Die horizontale und vertikale räumliche Ausprägung
der örtlichen Versorgungspotentiale ergibt die
zentralörtliche Angebotsstruktur, die Verteilung
der Nachfrage auf die einzelnen zentralen Orte eines
Raums die zentralörtliche Nachfragestruktur . Zentralörtliche Angebotsstruktur und zentralörtliche Nachfragestruktur bilden gemeinsam das zentralörtliche Versorgungsgefüge eines Raums. Der Begriff des zentralörtlichen Versorgungsgefüges bezieht also neben der
räumlichen Verteilung unterschiedlicher Versorgungspotentiale die räumlichen Versorgungsbeziehungen zwischen Konsument und Versorgungsorten mit ein.

2.2.2 Die zentralörtliche Angebotsstruktur

Die vertikale Komponente der zentralörtlichen Angebotsstruktur eines Raumes bezieht sich auf die Bestimmung
der Versorgungspotentiale der in unterschiedlichem
Maße Versorgungsleistungen anbietenden Orte. Das
Versorgungspotential eines Ortes umfaßt die gesamte
Vielzahl an zentralen Einrichtungen, die der Versorgung der ortsansässigen und der ortsumliegenden Bevölkerung zur Verfügung stehen[1]. Die mehr oder weniger

_____

1) vgl. G.Kluczka: Die Entwicklung der zentralörtlichen
   Forschung in Deutschland, in: Berichte zur deutschen
   Landeskunde, Heft 2, Bd.38(1967), S.278; vgl. auch
   K.A.Boesler: Zum Problem der quantitativen Erfassung
   städtischer Funktionen. In: Proceedings of the IGU-
   Symposium in Urban Geography, Lund 1960, (hrsg.v.
   K.Norborg), Lund 1962, S.146

große Anzahl von Versorgungseinrichtungen bildet in räumlicher Konzentration innerhalb eines Siedlungs- körpers einen <u>Versorgungsort</u>[1]. Die zentralen Einrich- tungen können nach der Güterart, die sie anbieten, unterschieden werden. In der Literatur erfolgt in vie- len Fällen eine Gliederung der zentralen Güter nach drei Güterklassen oder Güterrängen[2].

(1) Güter der unteren Versorgungsstufe (I): Güter des täglichen, des einfachen oder gewöhn- lichen Bedarfs[3]

(2) Güter der mittleren Versorgungsstufe (II): Güter des periodischen, des mittelfristigen oder geho- benen Bedarfs

(3) Güter der oberen Versorgungsstufe (III): Güter des gelegentlichen, langfristigen oder höheren Bedarfs.

Das Versorgungspotential eines Ortes kann nach der Tiefe und Breite seines Güterangebots differenziert werden.

Die <u>Tiefe</u> des Versorgungspotentials ist abhängig von der Anzahl der Versorgungsstufen, in denen Güter am betreffenden Ort angeboten werden. <u>Die Breite</u> des Ver- sorgungspotentials bezieht sich auf den Umfang des örtlichen Versorgungsangebots in den einzelnen Versor- gungsstufen. Tiefe und Breite des örtlichen Versorgungs- angebots bestimmen das <u>Versorgungsniveau</u> des Ortes, d.h. die Bedeutung des Ortes für Versorgungszwecke der Konsu- menten im Ort selbst und in seinem Umland.

---

1) vgl. Ch.Borcherdt: Zentrale Orte und zentralörtliche Bereiche...,a.a.O., S.474
2) vgl. ebenda, S.473 f.
3) Die Fristigkeit des Bedarfs bezieht sich nicht auf die Gebrauchsdauer des einzelnen Gutes, sondern auf die Häufigkeit, mit der Güter der genannten Versor- gungsstufen nachgefragt werden.

Das Versorgungsniveau eines Ortes wird häufig mit
allgemeinen Prädikaten belegt, die die Wertigkeit
des Ortes für Zwecke der Versorgung in einem einzigen
Werturteil zusammenfassen. Man spricht beispielsweise
von einem guten oder schlechten, einem befriedigenden
oder unbefriedigenden Versorgungsniveau. Eine differenzierte, formale Erfassung örtlicher Versorgungsniveaus
erfolgt weiter unten[1].

Die horizontale Komponente der zentralörtlichen Angebotsstruktur gibt Auskunft über die absolute (absolute
Distanzwerte: m, km) oder relative (Distanzwerte bezogen auf Transportkosten und Zeitwand) räumliche Verteilung der Orte nach Maßgabe ihres Versorgungsniveaus.
Die zentralörtliche Angebotsstruktur definiert also
die Höhe der örtlichen Versorgungsniveaus und ihre Verteilung im Raum.

2.2.3 Die zentralörtliche Nachfragestruktur

Die zentralörtliche Nachfragestruktur eines Raums wird
im Gegensatz zur Angebotsstruktur nur sichtbar infolge
räumlicher Interaktionen, die einen Einblick in
die funktionale Verknüpfung des Siedlungsgefüges geben.
Eine Analyse der Versorgungsbeziehungen zwischen den
Konsumenten in einem Raum und seinen Orten mit ihren
zentralen Einrichtungen ist der Ansatzpunkt, um die
funktionalen Beziehungen offenzulegen, welche in
ihrer Summe die zentrale Bedeutung der einzelnen Orte
des Raumes erkennbar machen.

Christaller versucht, die räumlichen Interaktionsfel-
der, d.h. die räumliche Begrenzung der Interaktionen

---

1) vgl. Abschnitt 3.2.1.1

zwischen einem zentralen Ort und den Konsumenten
seines Umlandes durch die "Reichweite" einzelner
zentraler Güter zu erklären[1]. Die einzelnen zentralen
Güter werden nach ihrer Reichweite und die einzelnen
Orte nach dem örtlichen Leistungsangebot mit der
höchsten Reichweite kategorisiert. Mit der Reichweite
des höchstrangigen Gutes ist auch das Ergänzungsgebiet
eines Ortes abgesteckt. "Das Ergänzungsgebiet ist
jenes Gebiet, in dem ein Bedeutungsdefizit vorliegt,
das durch den Bedeutungsüberschuß des zentralen Ortes
ausgeglichen wird"[2]. Bei diesem Verfahren werden die
Reichweiten zentraler Einrichtungen (als Anbieter
zentraler Leistungen) vorgegeben, "obwohl sie unter
verschiedenen sozial-ökonomischen Entwicklungsstufen
erheblich variieren. Damit wird die Entwicklungsdynamik
zentralörtlicher Systeme durch die axiomatische Vorgabe
der Reichweiten ihrer Einrichtungen verschleiert"[3].
In der vorliegenden Arbeit wird dieser Gefahr begegnet,
indem die zentrale Bedeutung eines Ortes zunächst
nicht auf ein räumlich begrenztes Interaktionsfeld bezogen wird, sondern unabhängig von bestimmten räumlichen Grenzen als das Produkt aus der Zahl der kontakt-
nehmenden Konsumenten und der Häufigkeit und Intensität
des Kontakts aufgefaßt wird[4].

---

1) vgl.W.Christaller: Die zentralen Orte...a.a.O.,S.31 f.
2) Ebenda
3) K.Ganser: Planungsbezogene Erforschung zentraler Orte...
   a.a.O., S.45
4) "Zentralität ist eben diese Eigenschaft eines Standortes, Interaktionsziel zu sein. Der Grad der Zentralität wird durch die Zahl der auf den Standort gerichteten Interaktionen bestimmt".
   P.Sedlacek: Zum Problem intraurbaner Zentralorte,
   dargestellt am Beispiel der Stadt Münster.
   In: Westfälische Geographische Studien, 1973, S.59

3. **Das raumbezogene Versorgungsverhalten der Konsumenten**

3.1 Der räumliche Aspekt der Konsumwahl

3.1.1 Das Christaller'sche System der zentralen Orte

Das Christaller'sche Modell beinhaltet ein System von zentralen Orten, das dem Idealtyp eines hierarchischen Versorgungsgefüges gerecht wird. Nach der Festlegung des Ortes mit dem höchsten Versorgungsniveau erfolgt in diskreten Sprüngen die Auffüllung eines gegebenen Raumes mit zentralen Orten, deren Zahl bei jeder niedrigeren Rangstufe um das K-fache steigt (bei dem hier v.a. interessierenden "Versorgungs-" oder "Marktprinzip" ist K = 3), deren Versorgungsniveau aber auf jeder niedrigeren Rangstufe um die jeweils höchste Ranggruppe zentraler Güter sinkt (vertikale zentral-örtliche Angebotsstruktur)[1].

Die horizontale Angebotsstruktur ist gekennzeichnet durch eine gleichmäßige Verteilung der zentralen Orte im Raum.

Nach der Festlegung des Marktbereichs (Ergänzungsgebiet) der höchstrangigen Gütergruppe (abh.von der "Reichweite" des Gutes)[2] sind auch alle Marktbereiche der übrigen Güter-

---

1) vgl.W.Christaller: Die zentralen Orte...a.a.O.,S.70
   Die sich ergebende stufenförmige Hierarchie der zentralen Orte in verschiedene Rangklassen fand zahlreiche Kritiker; vgl.M.Niclas: Zur Analyse von Verflechtungsbereichen zentraler Orte, Freiburg 1968, S.10; vgl.H.Carter: Structure and Scale in the city system. In: M.Chisholm and B.Rodgers (Hrsg.): Studies in Human Geography, London 1973,S.175; vgl. R.Vining: A Description of Certain Spatial Aspects of an Economic System. In: Economic Development and Cultural Change, Vol.3 (1954/1955), S.166 ff.
2) vgl.W.Christaller: Die zentralen Orte...a.a.O.,S.54 ff.

gruppen gegeben und, da der Marktbereich eines zentralen
Gutes für jeden Ort als gleichgroß angenommen wird, damit auch die Marktbereiche aller zentralen Orte fest-
gelegt (<u>Zentralörtliche Nachfragestruktur</u>)[1].
Da die Marktbereiche für ein zentrales Gut sich nicht
überschneiden dürfen, andererseits aber im betrachteten
Raum keine Angebotslücken entstehen dürfen, ist ein
gleichförmiges zentralörtliches Versorgungsgefüge gewährleistet (Bienenwabenmuster)[2]. Das Christaller'sche
Versorgungsgefüge entsteht aufgrund bestimmter Annahmen
über das raumwirksame Kräftefeld. Für die einzelnen
Komponenten des Kräftefeldes gilt[3]:

(1) ökonomische Komponente:
- gleichmäßige Verteilung des Einkommens
  . gleichmäßige räumliche Verteilung
  . gleichmäßige personelle Verteilung (gleiches
    Pro-Kopf-Einkommen)
- gleiche Produktionsfunktion bei allen Anbietern
  eines zentralen Gutes
- die Funktion zwischen Distanz und dem Aufwand
  ihrer Überwindung (bzgl. Kosten und Zeit) ist
  zwischen allen Punkten des Raums identisch
- keine Kopplungskäufe
- ökonomisches Ziel: Minimierung des Transportauf-
  wands (⟶ Kauf am nächsten Ort)

(2) die soziale Komponente:
- keine soziale Differenzierung

(3) die kulturlandschaftliche Komponente: sie ist
    zunächst nur vorgegeben als Homogenitätskriterium

---

1) vgl. W.Christaller: Die zentralen Orte...,a.a.O.,S.72f.
2) vgl. J.H.Müller und P.Klemmer: Das theoretische Konzept Walter Christallers als Basis einer Politik
   der zentralen Orte. In: Zentrale Orte und Entwicklungsachsen im Landesentwicklungsplan, Veröffentlichungen der Akademie für Raumforschung und Landesplanung. Forschungs- und Sitzungsberichte, Bd.56,
   LAG Baden-Württemberg 1 (1969), S.16 f.
3) vgl. ebenda, S.15

(homogener Raum); aufgrund der Annahmen über die
ökonomische und soziale Komponente entwickelt sich
eine zentralörtliche Angebotsstruktur im Raum,
die dem oben beschriebenen System von zentralen
Orten entspricht.

3.1.2 Der räumliche Aspekt der Konsumwahl bei Christaller

Da die ökonomische und soziale Komponente für alle
Konsumenten die gleichen Elemente aufweist, bedingt
das Christaller-Modell eine einheitliche räumliche
Präferenzstruktur bei allen Verbrauchern. Die Präferenzstruktur wird hier v.a. geprägt durch eine
Zielfunktion, die dem Konsumenten den größten Nutzen
verspricht, wenn er den Transportaufwand minimiert.
Unter der zusätzlichen Bedingung, keine Kopplungskäufe vorzunehmen, ist dies dann der Fall, wenn der
Konsument beim Kauf eines zentralen Gutes den jeweils
nächsten Ort aufsucht, an dem die betreffende Ware
oder Dienstleistung angeboten wird.

Der räumliche Aspekt der Konsumwahl reduziert sich
folglich im Christaller-Modell auf einen einzigen
Entscheidungsparameter: die Entfernung zum nächstmöglichen Angebotsort. Der notwendige Aufwand zur
Raumüberwindung zwischen diesem und dem Wohnstandort entscheidet, ob ein gewünschtes Gut tatsächlich
nachgefragt wird oder ob die Nachfrage unterbleibt[1].

---

1) Falls keine Nachfrage nach dem zentralen Gut erfolgt,
   ist die "obere Grenze der Reichweite" des betreffenden zentralen Gutes überschritten; d.h. der nächste
   Ort, in dem das betreffende Gut angeboten wird,
   liegt vom Wohnstandort des Konsumenten zu weit
   entfernt. Vgl.W.Christaller: Die zentralen Orte...
   a.a.O., S.59
   vgl. S. Lange: Wachstumtheorie zentralörtlicher
   Systeme. Eine Analyse der räumlichen Verteilung
   von Geschäftszentren. Hrsg.v.: Institut für Sied-
   lungs- und Wohnungswesen und des Zentralinstituts für
   Raumplanung der Universität Münster - Münster 1973
   = Beiträge zum Siedlungs- und Wohnungswesen, Bd. 5,
   S. 3o

Erfolgt eine Nachfrage, so wird das betreffende
zentrale Gut am nächstmöglichen Ort und nur dort
eingekauft[1].

Das Christaller-Modell läßt als räumliche Komponente
der Konsumentscheidung also allenfalls die Einbezie-
hung des Raumüberwindungsaufwands zu; die Frage, wo
ein gewünschtes zentrales Gut eingekauft wird, ist
aber bereits vorab beantwortet, da die Möglichkeit
zwischen zwei Orten, an denen eine gewünschte Ware
oder Dienstleistung angeboten wird, zu wählen, nicht
gegeben ist. Gerade die Chance, örtliche Alternativen
bei der Konsumwahl zu besitzen, macht aber ein wesentliches Moment der räumlichen Entscheidungsfreiheit
des Konsumenten aus. "Das Wählen des Individuums ist
der Mittelpunkt des menschlichen Wirtschaftens schlecht-
hin, die Möglichkeit der Wahl die Voraussetzung für
jedes ökonomische Handeln des Menschen."[2] Dieser Satz
gilt auch für die Wahl des Versorgungsortes.

Bei der Konstruktion eines Modells, das einen Einblick
in das räumliche Versorgungsverhalten des Konsumenten
geben soll, ist daher über den Christaller'schen Ansatz
hinaus die räumliche Konsumwahl zwischen mehreren örtlichen Alternativen als ein wesentlicher Bestandteil ein-
zubauen. Dabei ist neben dem Transportaufwand als wei-
teres Kriterium der räumlichen Konsumentscheidung
das Versorgungsniveau eines Ortes miteinzubeziehen[3].

---

1) vgl. J.H.Müller und P.Klemmer: Das theoretische Konzept Walter Christallers...,a.a.O., S.15
   vgl. auch P.Saey: Three Fallacies in the Literature
   on Central Place Theory. In: Tijdschrift voor
   Economische en Sociale Geografie, 64(1973),S.190
2) J.H.Müller, Grundlagen einer allgemeinen Theorie der
   Wahlakte, in: Jahrbuch für Nationalökonomie und
   Statistik, Bd.164 (1952), S.82
3) vgl. G.Rushton: Modells of Intra Urban Consumer Behavior and their Implications for Central Place
   Theory. In: Economic Geography, Vol.46 (1970), S.486

"Die Nachfrage des Wirtschaftssubjekts nach zentralen Gütern wird nicht nur von den Transportaufwendun-
gen geprägt, vielmehr wirken hier noch weitere
Elemente und Präferenzen, insbesondere die Attraktivität bestimmter Zentren bzw. die Agglomerationsvorteile,
mit".[1] Christallers eigenen Darstellungen sind in
diesem Zusammenhang allerdings widersprüchlich. In
der Einführung zum formalen Teil seiner Theorie erkennt
er durchaus an, daß "die Reichweite eines bestimmten
zentralen Gutes primär bestimmt... ist , durch die
Größe und Bedeutung des zentralen Ortes."[2] Daß das
Versorgungsniveau eines Ortes neben dem Raumüberwin-
dungsaufwand ein Bestandteil der räumlichen Präferenzfunktion des Konsumenten ist, wird dann aber von
Christaller bei der formalen Ableitung seines Modells
nicht weiter beachtet.

3.1.3 Der räumliche Aspekt der Konsumwahl in einem erweiterten Ansatz

Die interessantere Frage für den räumlichen Aspekt
des Versorgungsverhaltens ist aber gerade, w o (an
welchen Orten) eine bestimmte Ware nachgefragt wird.
Die einfache Annahme, daß die Versorgung am nächstmöglichen Ort geschieht, gibt einen ungenügenden Einblick in die tatsächlichen Verhältnisse[3]. Es ist
daher eine räumliche Präferenzfunktion zu entwickeln,
welche realistischer die räumlichen Präferenzen des

---

1) J.H.Müller und P.Klemmer: Das theoretische Konzept
   Walter Christallers..., a.a.O., S.18
2) W.Christaller: Die zentralen Orte...,a.a.O., S.59
3) vgl. W.A.V.Clark: Consumer travel patterns and the
   concept of range, in: The Annals of the Association
   of American Geographers, Vol.58, (1968), S.390

Konsumenten bei der Versorgung beschreibt und somit
eine wirklichkeitsnähere Basis für den räumlichen
Aspekt von Versorgungsentscheidungen darstellt[1].

Ausgangspunkt für die theoretische Ableitung der räumlichen Präferenzfunktion ist die Beobachtung, daß bei
der Entscheidung, wo eine Ware nachgefragt werden soll,
neben dem Aufwand der Raumüberwindung das Versorgungsniveau
eines Ortes eine bedeutende Rolle spielt. Ein Konsument,
der von Ort A, mit einem Versorgungsniveau V_a, d_a km
und von einem Ort B, mit dem Versorgungsniveau V_b, d_b
entfernt wohnt, wobei $d_b > d_a$ und $V_b > V_a$, wird ein
Gut x_1 nicht unbedingt in A nachfragen (wie im Christaller-Modell).   Er wird vielmehr den
Nutzenentgang infolge der zusätzlichen
Entfernung ($d_b - d_a = \triangle d \rightarrow -\triangle N$) in Beziehung setzen
zum zusätzlichen Nutzen, den ein Einkauf von x_1 in B
gegenüber einem Einkauf in A stiftet ($V_b - V_a = \triangle V \rightarrow \triangle N$).
Übersteigt die zusätzliche Nutzenstiftung infolge des
höheren Versorgungsniveaus den Nutzenentgang infolge
des größeren Raumwiderstandes, erfolgt - ceteris
paribus - die Nachfrage von x_1 in B.

Dieses Prinzip des räumlichen Wählens liegt der Konstruktion einer räumlichen Präferenzfunktion zugrunde,
die ein Feld indifferenter räumlicher Wahlsituationen
beschreibt, in denen der Nutzenentgang aufgrund des
Raumüberwindungsaufwandes gerade durch die zusätzliche
Nutzenstiftung infolge eines höheren Versorgungsniveaus kompensiert wird.

Die beiden Ausgangsfunktionen für die Ableitung der
räumlichen Präferenzfunktion sind:

---

1) vgl. G.Rushton, Modells of Intra-Urban Consumer
   Behavior, ... a.a.O., S.487

(1) die Attraktivitätsfunktion
(2) die Distanzfunktion.

3.2   Die Attraktivitätsfunktion

3.2.1   Das örtliche Versorgungsniveau

3.2.1.1 Formale Bestimmung des örtlichen Versorgungs-
        niveaus

Vielfältige Versuche sind unternommen worden, einen
Index für die Bestimmung des Versorgungsniveaus von
zentralen Orten zu finden, in der Regel um anschließend
eine Klassifizierung der Orte vorzunehmen[1]. Derartige
Indexverfahren werden zumeist im Rahmen von empirischen Untersuchungen zentralörtlicher Versorgungsbeziehungen angewandt.

Im Rahmen einer theoretischen Analyse von zentralörtlichen Versorgungsbeziehungen ist auf eine formale
Bestimmung der örtlichen Versorgungsniveaus abzustellen,
welche einen Einbau in die Modellstruktur zuläßt und
gleichzeitig möglichst realitätsnah ist.

In Abschnitt 2.2.2 wurde die Gesamtheit der zentralen
Güter nach dem Unterscheidungsmerkmal der Notwendigkeit bzw. der Häufigkeit der periodischen Nachfrage
in verschiedene Versorgungsstufen eingeteilt und jeder
Versorgungsstufe ein spezifischer Rang zugeordnet.

---

1) vgl. G.Kroner: Die zentralen Orte in Wissenschaft
   und Raumordnungspolitik. In: Informationen des Instituts für Raumforschung, 14.Jg. (1964), Nr.13, S.423 ff.
   vgl. auch R.Klöpper: Methoden zur Bestimmung der Zentralität von Siedlungen. In: Geographisches Taschen-
   buch,1953, S.512 ff.; vgl. auch R.Davis: The Location
   of Service Activities, in: M.Chisholm and B.Rodgers
   (Hrsg.): Studies in Human Geography, London 1973,
   S.142; vgl. auch J.U.Marshall: The Location of
   Service Towns: An Approach to the Analysis of Central
   Place Systems, Toronto, 1969, S.80 ff.

Eine weitere Differenzierung erfolgt, indem nan die
zentralen Güter einer Versorgungsstufe zu Funktionsgruppen zusammenfaßt. Jedes zentrale Gut kann als das
momentane Ergebnis einer isolierten zentralen Funktion
betrachtet werden. Der Begriff der zentralen Funktion
verbindet den Konsumenten mit der Anbieterseite in
Gestalt von zentralen Einrichtungen. Eine Funktionsgruppe enthält eine Anzahl von sich ergänzenden zentralen
Gütern und wird in einer entsprechenden zentralen
Einrichtung angeboten[1]. Der Rang einer Funktionsgruppe
und damit auch der Rang der entsprechenden zentralen
Einrichtung richtet sich nach dem Spezialisierungsgrad
und der Bedarfshäufigkeit der enthaltenen zentralen
Güter[2]. Eine bestimmte Versorgungsstufe ist dann als
die Aggregation der entsprechenden Funktionsgruppen
aufzufassen (Abb.7).

Es soll von einer hierarchisch aufgebauten vertikalen
zentralörtlichen Angebotsstruktur ausgegangen werden.
"One of the basic findings of studies which have been
concerned with the analysis of tertiary functions,
for areas containing an array of centers, is that it is
possible to identify a hierarchy of tertiary functions
based on their incidence in centers. The general appli-
cability of this notion has been demonstrated in various
parts of the world."[3] Die Versorgungspotentiale der
einzelnen Orte werden als hierarchisch in dem Sinne

---

1) vgl. D.Bökemann: Das innerstädtische Zentralitätsgefüge,
   dargestellt am Beispiel der Stadt Karlsruhe, in: Karlsruher Studien zur Regionalwissenschaft, Heft 1
   (1967), S.21. Als zentrale Einrichtung ist damit
   sowohl ein Einzelgeschäft als auch die einzelne Wa-
   renabteilung eines Kaufhauses anzusehen, in der eine
   bestimmte Funktionsgruppe zentraler Güter angeboten
   wird.
2) Beispiel für eine niedrigrangige Funktionsgruppe:
   Lebensmittel, für eine höchstrangige Funktionsgruppe:
   Kleidung.
3) H.G.Barnum: Market Centers and Hinterlands in
   Baden-Württemberg, Chicago, 1966, S.21/25

angenommen, daß für die Struktur des Angebots
eines Ortes nach Tiefe und Breite folgendes gilt:

(1) Es wird erst dann eine höherrangige Funktionsgruppe zentraler Güter angeboten, wenn alle
niedrigrangigeren und weniger spezialisierten
Funktionsgruppen bereits vorhanden sind.

(2) Wird eine höherrangige Funktionsgruppe zusätzlich
angeboten, erfolgt gleichzeitig eine Verbreiterung
des Angebots bei den bereits vorhandenen.

Der Umfang des Angebots von zentralen Gütern einer
Funktionsgruppe kann als proportional der Summe der
diese zentrale Funktion wahrnehmenden zentralen Einrichtungen eines Ortes angesehen werden[1].

λ_1 sei die Anzahl der zentralen Einrichtungen, die
Güter der niedrigstrangigen Funktionsgruppe 1 anbieten.
Nach den oben gemachten Annahmen über die Hierarchie
der vertikalen Angebotsstruktur besteht für die Zahl
der zentralen Einrichtungen, welche für das Angebot
von zentralen Gütern einer Funktionsgruppe in einem
Ort zur Verfügung stehen, mit wachsendem Rang der
Funktionsgruppe (Z) eine abnehmende Tendenz[2]. Die Verringerung der Zahl der zentralen Einrichtungen für das
Angebot in einer Funktionsgruppe mit wachsendem Rang
soll als einer Exponentialfunktion entsprechend angenommen werden. Der Teilungsfaktor der Exponentialfunktion
sei α [3].

---

1) vgl. H.G.Barnum: Market Centers and Hinterlands in
Baden-Württemberg, a.a.O., S.21, S22 (Fig.9)
2) Entspricht den empirischen Untersuchungen von Berry
und Garrison. Vgl. B.J.L.Berry and W.L.Garrison:
The Functional Basis of the Central Place Hierarchy.
In: Economic Geography, Vol. 34 (1958) S.150
3) Der Teilungsfaktor α kann als ein Parameter interpretiert werden, der die Abhängigkeit zwischen Breite
und Tiefe des örtlichen Angebots an zentralen
Gütern beschreibt.

Dann ergeben sich nach Bestimmung von λ_1 die zentralen Einrichtungen für die übrigen Funktionsgruppen wie folgt:

$$\lambda_2 = \alpha \cdot \lambda_1$$

$$\lambda_3 = \alpha \cdot \lambda_2 = \alpha \cdot \alpha \cdot \lambda_1 \qquad \alpha < 1$$

$$\lambda_4 = \alpha \cdot \lambda_3 = \alpha \cdot \alpha \cdot \alpha \cdot \lambda_1$$

$$\vdots$$

$$\lambda_z = \alpha \cdot \lambda_{z-1} = \alpha^{z-1} \cdot \lambda_1$$

Daraus folgt

$$\lambda_z = \lambda_1 \cdot e^{(z-1)\cdot \ln\alpha} \qquad (1)$$

Gleichung (1) stellt sich graphisch wie folgt dar:

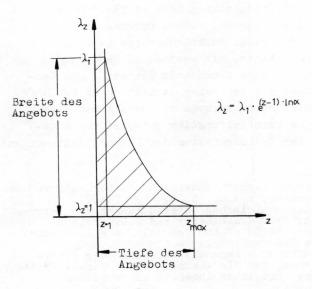

Abb. 6

Der Hierarchie der zentralen Funktionen entspricht
folglich eine Hierarchie der zentralen Einrichtungen[1].
Die Gesamtzahl der in einem Ort vorhandenen zentralen
Einrichtungen über alle Funktionsgruppen wird errech-
net, indem Gleichung (1) zwischen den Grenzen $Z = 1$
(niedrigstrangige im Versorgungsort vorhandene Funktionsgruppe) und $Z = Z_{max}$ (höchstrangig im Versorgungsort vorhandene Funktionsgruppe) integriert wird[2].
Das Versorgungsniveau (V) eines zentralen Ortes ist
gleich der Gesamtzahl der vorhandenen zentralen Einrichtungen:

$$V = \int_{z=1}^{z=z_{max}} \lambda_1 \cdot e^{(z-1)\cdot \ln\alpha} \cdot dz \quad = \quad \lambda_1 \int_{z=1}^{z=z_{max}} e^{(z-1)\cdot \ln\alpha} \cdot dz$$

$$V = \frac{\lambda_1}{\ln\alpha} \left[e^{(z-1)\cdot \ln\alpha} \right]_1^{z_{max}}$$

Wenn vorausgesetzt wird, daß in einem Versorgungsort
Güter der höchstrangigen Funktionsgruppe nur in einer
zentralen Einrichtung angeboten werden, so gilt:

$$\text{für} \quad Z_{max} \longrightarrow \lambda_{z} = 1$$

Wird dieser Wert für Z_{max} in das bestimmte Integral
eingesetzt, folgt:

$$V = \frac{\lambda_1}{\ln\alpha} \left(e^{-\ln\lambda_1} - 1 \right)$$

$$V = \frac{1 - \lambda_1}{\ln\alpha} \qquad (2)$$

---

1) vgl. B.J.L.Berry, H.G.Barnum and R.J.Tennant: Retail
   Location and Consumer Behavior. In: Papers and Proceedings of the Regional Science Association, Vol 9
   (1962), S.69 ff., insbesondere Fig.4
2) vgl. D.Bökemann: Das innerstädtische Zentralitätsgefüge..., a.a.O., S.26

Aus Gleichung (2) folgt, daß das Versorgungsniveau
eines Ortes bestimmt ist, wenn die Anzahl der zentralen
Einrichtungen der niedrigstrangigen Funktionsgruppe
bekannt und der Teilungsfaktor α gegeben ist. Bei
konstantem α ist die Vergrößerung des Versorgungsniveaus nach der logarithmischen Umformung von Gleichung
(2) durch eine Parallelverschiebung darzustellen:

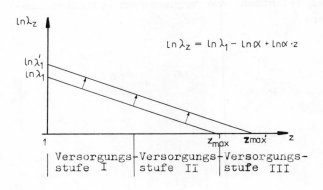

$$\ln \lambda_z = \ln \lambda_1 - \ln \alpha + \ln \alpha \cdot z$$

Abb. 7

Zentrale Güter der Versorgungsstufe III sind im Versorgungsangebot des Ortes mit dem Versorgungsniveau V_1
nicht enthalten. Bei einer Vergrößerung des Versorgungsniveaus auf V_2 werden auch Güter der Versorgungsstufe
III angeboten, allerdings nur in wenigen zentralen
Einrichtungen[1]. Gleichzeitig wird aber auch das Angebot
in allen übrigen Versorgungsstufen größer[2].

1) Als Beispiel einer Klassifizierung von zentralen
   Funktionsgruppen in 3 Stufen vgl.B.J.L.Berry and
   W.L.Garrison: A Note on Central Place Theory and
   the Range of a Good. In: Economic Geography, Vol.34,
   (1958), S.307
2) Diese formale Aussage entspricht dem Forschungser-
   gebnis von O.Bonstedt, der feststellt, "daß bei entwickelten Orten das Vorhandensein von Institutionen
   höherer Zentralität eine entsprechende Besetzung
   niederer Zentralität miteinschloß... Diese Konformi-
   tät von Konzentration der zentralen Einrichtungen
   und ihre Differenzierung ermöglichte es, zur Verein-

Eine Stufung der zentralen Orte gemäß einem Klassi-
fizierungsschema, welches das Versorgungsniveau
von zentralen Orten als Gliederungskriterium hat,
ist für die weiteren Ausführungen dieser Arbeit
nicht erforderlich[1].

3.2.1.2 Örtliches Versorgungsniveau und Informationsmöglichkeit

3.2.1.2.1 Die örtliche Versorgungsentscheidung unter Unsicherheit

Das örtliche Versorgungspotential beinhaltet gleichzeitig ein Informationspotential. Die Ausnutzung dieses
Informationspotentials für den Erwerb eines Gutes
erleichtert es dem Konsumenten, einen möglichst günstigen Kauf zu tätigen. Die Entscheidung, in einem bestimmten Versorgungsort ein gewünschtes Gut zu erwerben,
ist jedoch mit einer Unsicherheit darüber verbunden,
ob das betreffende Gut preisgünstig und in der gewünschten Qualität dort erworben werden kann. Diese Unsicherheit hat zwei Gründe:

(1) Die Information über die verschiedenen Informations-
    potentiale ist zumeist unvollkommen. (Welche zen-
    tralen Einrichtungen gibt es in einem Ort?)

(2) Die Informationen, die ein Informationspotential
    enthält, sind zumeist nicht vollständig bekannt.
    (Was wird zu welchem Preis und in welcher Qualität
    in den zentralen Einrichtungen angeboten?)

---

fachung der Rechenoperationen weiterhin auf die Berücksichtigung des Dispersionsfaktors zu verzichten und
  die Zentralitätsbestimmung einfach unter Berücksichtigung der Zusammensetzung der am Ort vertretenen
  unterschiedlichen zentralen Institutionen vorzunehmen". O.Bonstedt: Die zentralen Orte und ihre
  Einflußbereiche..., a.a.O., S.205

1) Damit werden die großen methodischen Schwierigkeiten
   einer Klassifizierung vermieden. Vgl.O.Bonstedt:
   Die zentralen Orte und ihre Einflußbereiche...,
   a.a.O., S.205 f.

ad (1) Die Bewertung des Informationspotentials eines
Ortes durch den Konsumenten ist abhängig
von der Art und der Güte der Vorinformationen
über das Versorgungsniveau des betreffenden
Ortes.

ad (2) Hier wird angenommen, daß der Konsument eine
Anzahl an Alternativen für das Angebot eines
Gutes an einem bestimmten Ort kennt (er weiß
in n Geschäften wird das Gut x angeboten);
eine vollständige Information über die Merkmalsausprägungen der Alternativen ist damit
aber nicht gegeben und zwar aus zwei Gründen:
   a) Der Konsument als Entscheidungsträger verfügt
      nicht über ein vollständiges Ab-
      bild vergangener Werte der Merkmalsausprä-
      gungen der Alternativen.
   b) Der Konsument kann nicht annehmen,
      daß die ihm bekannten Werte (z.B.bekannte
      Preise und Qualitäten) in der Gegenwart und
      in der Zukunft in gleicher Weise auftreten.

Entscheidungen, welche unter Unsicherheit gefällt
werden, sind mit einer <u>Verlustgefahr</u> behaftet[1]:
Ein geplanter Kauf wird in der beabsichtigten Form
nicht realisiert[2] oder ein erreichbares Niedrigpreisangebot
nicht wahrgenommen.

Wie hoch die Verlustgefahr bewertet wird, ist abhängig:
a) vom Grad der subjektiven Wahrscheinlichkeit des
   Eintritts des gewünschten Ereignisses (Wahrnehmung

---

1) vgl.W.Wittmann: Unternehmung und unvollkommene
   Information. Unternehmerische Voraussicht, Ungewiß-
   heit und Planung, Köln u.Opladen, 1959, S.34 ff.
   Wittmann diskutiert die Begriffe "Verlustgefahr"und
   "Risiko".
2) z.B. ein den Bedürfnissen am besten angepaßtes Gut
   wird wegen mangelnder Information nicht gekauft.

des nach Preis oder bestimmten Eigenschaften
günstigsten Güterangebots) und
b) von der Bedeutung des Ereignisses (z.B. Wert
des beabsichtigten Kaufs)

Ist die Wahrscheinlichkeit, daß das gewünschte Ereignis
eintritt, gleich Null, so besteht höchste Verlustgefahr.
Die Wahrscheinlichkeit des Nichteintretens des Ereignisses $p(\overline{E})$ ist in diesem Fall: $p(\overline{E}) = 1-p(E) = 1$;
d.h. der getätigte Kauf hätte sich als ein völliger
Fehlkauf erwiesen. Definiert man die Verlustgefahr (VG)
als das Produkt aus der Wahrscheinlichkeit des Nichteintretens eines gewünschten Ereignisses $p(\overline{E})$ und
der Bedeutung des Ereignisses W(E), so ergibt sich[1]:

$$VG = W(E) \left[1 - p(E) \right] \qquad (3)$$

Die Verlustgefahr bei einem völligen Fehlkauf
$\left[p(E) = 0 \right]$ würde demnach die Höhe der Ausgabe W(E)
erreichen. Die Verlustgefahr ist eine Erwartungsgröße.
Sie hängt ab von der subjektiven Einschätzung der
Wahrscheinlichkeit des Eintritts des gewünschten Ereignisses und von der angenommenen Bedeutung des Ereignisses (hier: angenommene Höhe der zu tätigenden
Ausgabe)[2]. p(E) und W(E) ergeben sich für den Konsumenten zunächst (vor der ersten Informationshandlung)
aus dem Informationsstock, d.h. aus der Summe der
Vorinformationen. Die Einschätzung der Verlustgefahr
ist umso genauer je vollständiger die Vorinformationen
sind; d.h. je weniger die subjektive Bewertung der
Informationspotentiale von den tatsächlich bestehenden
abweicht und je vollständiger das Wissen um die Merk-

1) vgl. E.Kuhlmann: Das Informationsverhalten der Konsumenten, Freiburg, 1970, S.89
2) vgl. S.M.Cunningham: The Major Dimension of Perceived
Risk, in: D.F.Cox (Hrsg.): Risk Taking and Information
Handling in Consumer Behavior, Boston 1967, S.83 f.

malsausprägungen der Alternativen ist. Berücksichtigt
man zusätzlich die bei der Auswertung des Informationspotentials eines Ortes (d.h. bei der Informationssuche)
auftretenden Kosten K(I), so verändert sich Gleichung (3)
zu:

$$VG = \left[W(E) + K(I) \right] \left[1 - p(E) \right] \qquad (4)$$

Aus dem Vorhandensein einer Verlustgefahr beim Kauf
eines Gutes kann die unterschiedliche Bewertung verschiedener Versorgungsniveaus durch den Konsumenten
beim Gütererwerb erklärt werden: Ein hohes Versorgungsniveau bedeutet ein hohes Informationspotential; je
größer das Informationspotential desto größer ist
(bei gleicher Vorinformation über die Merkmalsausprägungen
der Alternativen) die objektive Wahrscheinlichkeit, ein
Gut zu einem günstigen Preis und mit gewünschten Eigenschaften zu erwerben, allerdings unter der Voraussetzung, daß das durch ein bestimmtes Versorgungsniveau
gebotene Informationspotential auch ausgenutzt wird.
Die Informationskosten müssen entsprechend mit der
Verbesserung des Versorgungsniveaus steigen, da eine
größere Zahl von Informationshandlungen vorgenommen
werden muß.

Orte	Versorg. niveau	$1-p(E)$	$W(E)$	$K(I)$	$\left[W(E)+K(I) \right] \cdot \left[1-p(E) \right]$
A	niedrig	0,7	100	1	70,7
B	mittel	0,4	100	5	42
C	hoch	0,1	100	10	11

Tabelle 2

Das Zahlenbeispiel in Tabelle 2 zeigt eine fallende Ver-

lustgefahr bei steigendem Versorgungsniveau. Der
Abfall der Verlustgefahr zwischen Ort A mit einem
niedrigen Versorgungsniveau und Ort B mit mittlerem
Versorgungsniveau ist geringer als zwischen Ort A
und Ort C. Dieses starke Gefälle der Verlustgefahr bei steigendem Versorgungsniveau wird reduziert, wenn die erwartete Höhe der zu tätigenden
Ausgabe W(E) gering ist:

Orte	Versorg. niveau	$1-p(E)$	$W(E)$	$K(I)$	$[W(E)+K(I)]\cdot[1-p(E)]$
A	niedrig	0,7	20	1	14,7
B	mittel	0,4	20	5	10
C	hoch	0,1	20	10	3

Tabelle 3

Ein Vergleich der beiden Zahlenbeispiele macht deutlich,
daß die Wertschätzung des Versorgungsniveaus zwar in
beiden Fällen entsprechend der fallenden Verlustgefahr
mit der Höhe des Versorgungsniveaus steigt, jedoch abhängig vom Güterwert ($W(E)$) unterschiedlich stark. So
besitzt beispielsweise das hohe Versorgungsniveau
eines Ortes beim Kauf einer relativ teuren Spezialware
ein stärkeres Gewicht als beim Kauf eines relativ billi-
gen Gutes des alltäglichen Bedarfs.

Beim Vergleich der beiden Zahlenbeispiele ist außerdem
eine erhebliche Verschiebung der Relation zwischen Informationskosten und Wert des gewünschten Kaufgegenstandes erkennbar; die größte absolute Veränderung der
Relation ergibt sich für C, den Ort mit einem hohen
Versorgungsniveau: Der Anteil der Informationskosten
am Kaufwert beträgt in Tabelle 3 das Fünffache gegenüber Tabelle 2.   Bei vollständiger Ausnutzung des
Informationspotentials des Ortes C läßt sich zwar

die Verlustgefahr gegenüber den anderen Orten erheblich mindern, die Informationskosten stehen aber in keinem ökonomisch angemessenen Verhältnis zum Wert des gewünschten Kaufgegenstandes.

Die unterschiedliche Wertschätzung verschiedener Versorgungsniveaus kann für wertmäßig unterschiedliche Kaufereignisse zwar global aus dem unterschiedlichen Gefälle der Verlustgefahr erklärt werden, eine solche Erklärung geht aber aus von einer vollständigen Nutzung des entsprechenden Informationspotentials und enthält kein Kriterium, welches über die ökonomische Sinnhaftigkeit der damit verbundenen Informationskosten eine Aussage macht. Es ist daher eine differenziertere Betrachtung der bei der Informationssuche anfallenden Kosten und Erträge notwendig.

3.2.1.2.2 Kosten und Erträge der Informationssuche

Eine zusätzliche Informationshandlung[1] ist nur dann sinnvoll, wenn der aus ihr resultierende Ertrag größer ist als die entstehenden zusätzlichen Kosten.

Informationskosten[2] erwachsen bei der Auseinandersetzung mit dem örtlichen Güterangebot aus zwei Gründen:

(1) Um sich über das örtliche Angebot zu informieren, muß der Konsument in der Regel die betreffenden Geschäfte aufsuchen; die dabei erfolgende Informa-

---

1) von einer Informationshandlung oder einem Informationsschritt soll dann gesprochen werden, wenn eine neue Informationsquelle in Gestalt einer zentralen Einrichtung aufgesucht wird.
2) vgl. P.Meyer-Dohm: Sozialökonomische Aspekte der Konsumfreiheit. Untersuchungen zur Stellung des Konsumenten in der marktwirtschaftlichen Ordnung. Freiburg i.Br., 1965 (= Beiträge zur Wirtschaftspolitik, Bd.1, hrsg. v.E.Tuchtfeldt), S.199

tionsgewinnung ist verbunden mit einem Verbrauch
an physischer und psychischer Energie. Um die ver-
brauchte Energie zu ersetzen, ist ein Verzehr von physischer und psychischer Nahrung (Lebensmittel, Unter-
haltung) notwendig, der, bewertet, Kosten darstellt.

(2) Der Konsument könnte die zur Informationsgewinnung
benötigte Zeit anderweitig verwenden, indem er beispielsweise sein Einkommen durch Überstunden erhöht
oder einer Freizeitbeschäftigung nachgeht. Es entstehen folglich opportunity-costs in Höhe der Wertschätzung der nicht wahrgenommenen Tätigkeitsalterna-
tiven.

Die vermutete Differenz zwischen der günstigsten und
der ungünstigsten Alternative soll als Ertrag (E) der
Informationstätigkeit definiert werden, der sich nach
Abschluß der Informationsaktivität ($\longrightarrow$ Summe aller
möglichen Informationshandlungen) einstellen kann.
Der zusätzliche Ertrag $\triangle E$ der n-ten Informationshandlung ergibt sich aus dem mit der Differenz der objektiven Eintrittswahrscheinlichkeiten bewerteten möglichen
Gesamtertrag (E):

$$\triangle E = E \left[p_n(E) - p_{n-1}(E) \right]$$

$p_n(E)$ gibt an, mit welcher Wahrscheinlichkeit nach
n Informationshandlungen der mögliche Gesamtertrag
der Informationssuche (E) realisiert werden kann;
$p_{n-1}(E)$ gilt entsprechend nach n-1 Informationshandlungen. Die Wahrscheinlichkeitsdifferenz $p_n(E) - p_{n-1}(E)$
bestimmt folglich die mit der n-ten Informationshandlung verknüpfte Wahrscheinlichkeitszunahme.

Der erwartete Gewinn der n-ten Informationshandlung
stellt sich als die Differenz zwischen dem erwarteten Nutzen der n-ten Informationshandlung und ihren
Kosten dar:

$$\triangle G_n = \triangle E - \triangle K_n$$

$$\triangle G_n = E\big[p_n(E) - p_{n-1}(E)\big] - \triangle K_n$$

Zusätzliche Informationshandlungen sind solange sinnvoll, wie der erwartete Ertrag eines Informations-
schrittes größer ist als die dabei sich ergebenden
Kosten, solange gilt:

$$E\big[p_n(E) - p_{n-1}(E)\big] > \triangle K_n$$

Ergibt sich schließlich:

$$E\big[p_n(E) - p_{n-1}(E)\big] = \triangle K_n$$

dann erbringt jede weitere Informationshandlung keinen
weiteren Gewinn. D.h. die Konsumenten schätzen den
Ertrag einer weiteren Informationshandlung trotz er-
höhter Wahrscheinlichkeit, den möglichen Gesamtertrag
(E) zu erreichen, nicht höher ein als die dabei ent-
stehenden Kosten: die Ertragsdifferenz $E\big[p_n(E)\big] - E\big[p_{n-1}(E)\big]$
ist gleich den zusätzlichen Kosten.

Für die theoretische Ermittlung der erhöhten Wahrscheinlichkeiten nach jeder Informationshandlung gelten
die Regeln bedingter Wahrscheinlichkeiten. Nach einer
bestimmten Zahl ($\bar{n}$) von Informationshandlungen beträgt

der akkumulierte Gewinn der Informationsaktivitäten[1]:

$$G_{\bar{n}} = \left[p_{\bar{n}}(E) \right] E - K_{\bar{n}}$$

$$p_{\bar{n}}(E) = \sum_{n=1}^{n=\bar{n}} p_n(E) - p_{n-1}(E)$$

$$K_{\bar{n}} = \sum_{n=1}^{n=\bar{n}} \triangle K_n$$

Im nachfolgenden Beispiel wird von der realistischen Annahme ausgegangen, daß selbst bei homogenen Gütern kein eindeutiger Gleichgewichtspreis zustande kommt, da weder vollkommene Markttransparenz noch eine unendliche Anpassungsgeschwindigkeit der Nachfrage gegeben ist. Auf unvollkommenen Gütermärkten werden in den meisten Fällen die Preise der Güter zwischen einer oberen und einer unteren Grenze schwanken[2]. Ein sich rational verhaltender Konsument wird angesichts der auf vielen Gütermärkten herrschenden beträchtlichen Preisunterschiede versuchen, durch Befragen mehrerer Händler das für ihn günstige Angebot zu ermitteln.

Folgende Ausgangssituation sei gegeben:
Auf dem Markt für das Gut X gebe es in einem Ort A
m Anbieter, die eine Hälfte der Anbieter bietet X

1) vgl.J.T.Lanzanetta and V.T.Kanareff: Information Cost,..
   a.a.O., S.460 f.
2) vgl.B.R.Holdren: The structure of retail market and
   the market behavior of retail units, Englewood Cliffs
   N.J., 1960, S.68 f. Auch die nächste räumliche
   Nähe von Konkurrenzgeschäften beeinflußt derartige
   Preisdifferenzen kaum. Vgl.ebenda, S.70

zum Preis von DM 30.- an, die andere zum Preis von
DM 40.-. Die Wahrscheinlichkeit, daß ein Konsument
nach einer ersten Informationshandlung (Befragen eines
Anbieters) den Minimalpreis (DM 30.-) antrifft und
damit einen Gesamtertrag von 40-30 = DM 10.- reali-
sieren kann, beträgt : p_1 = 0,5. Nach einer weiteren
Informationshandlung erhöht sich die Wahrscheinlichkeit
auf: p_2 = 0,75. Die Wahrscheinlichkeitsdifferenz
$p_n(E) - p_{n-1}(E)$ ist folglich nach n = 2 Schritten:
$p_2 - p_1$ = 0,25. Die Wahrscheinlichkeitsdifferenz,
welche sich nach der n-ten Informationshandlung ergibt,
läßt sich formal wie folgt ableiten:
Die Zahl der Informationskombinationen nach n Informationshandlungen, d.h. nach n Auskünften, die entweder
auf DM 30.- oder DM 40.- lauten, beträgt 2^n. Dabei
existiert nur eine Kombination, welche keine Information über den Minimalpreis enthält. 2^n-1 Auskünfte
enthalten eine Information über den niedrigsten Preis.
Die Wahrscheinlichkeit, daß nach n Informationshandlungen
der Minimalpreis angetroffen wird und damit der mögliche Gesamtertrag der Informationssuche (DM 10.-)
realisiert werden kann, beträgt folglich:

$$p_n(E) = \frac{2^n - 1}{2^n}$$

und nach n - 1 Informationshandlungen entsprechend:

$$p_{n-1}(E) = \frac{2^{n-1} - 1}{2^{n-1}}$$

Die Wahrscheinlichkeitsdifferenz nach dem n-ten
Schritt beträgt demnach:

$$p_n(E) - p_{n-1}(E) = \frac{2^n - 2^{n-1}}{2^{2n-1}} = \frac{1}{2^n} \quad (5)$$

Folgende Tabelle ergibt sich nach Einsetzen der im
Beispiel vorgegebenen Werte:[1]

Zahl d.Info-handlg. [n]	Wahrsch. differenzen $[P_n(E)-P_{n-1}(E)]$	erwartete Nutzenzuwächse $[P_n(E)-P_{n-1}(E)]E$ $E = 10$
1	0,5	5
2	0,25	2,5
3	0,125	1,25
4	0,0625	0,625
.	.	.
.	.	.
.	.	.
$n \longrightarrow \infty$		

$$\sum_{n=1}^{\infty} P_n(E)-P_{n-1}(E) \quad \sum_{n=1}^{\infty} \left[P_n(E)-P_{n-1}(E) \right] E = 10$$

Tabelle 4

Den so in Abhängigkeit von der Anzahl der Informationshandlungen ermittelten Informationserträgen sind die
durch die Informationssuche entstehenden Kosten gegen-
überzustellen, um den Informationsgewinn als das ökonomische Kriterium für die Nützlichkeit der Informationsaktivität abzuleiten.

Zwei unterschiedliche Kostenverläufe sollen betrachtet
werden: zum einen wird von linear ansteigenden Kosten
ausgegangen ($K^{(1)}$) und im zweiten Fall ein progressiver
Kostenverlauf angenommen ($K^{(2)}$). Tabelle 4 stellt sich
dann, ergänzt um die Informationskosten und erweitert
um die abgeleiteten Informationsgewinne, wie folgt dar:[2]

1) vgl. G.J.Stigler, The Economics of Information.
   In: The Journal of Political Economy, Vol.69 (1961)
   S.214
2) vgl.E.Kuhlmann: Das Informationsverhalten der Konsumenten...a.a.O., S.104

1	2	3	4	5	6	7	8	9
Zahl d. Info. handlg. [n]	Wahrsch. diff. $p_n(E)-p_{n-1}(E)$	erwart. Ertr. zuwächse $[p_n(E)-p_{n-1}(E)]E$	$\Delta K_n^{(1)}$	$\Delta G_n^{(1)}$	$G_{\bar{n}}^{(1)}$	$\Delta K_n^{(2)}$	$\Delta G_n^{(2)}$	$G_{\bar{n}}^{(2)}$
1	0,5	5	2	3	3	0,1	4,9	4,9
2	0,25	2,5	2	0,5	3,5	0,3	2,2	7,1
3	0,125	1,25	2	-0,75	2,75	0,6	0,65	7,75
4	0,0625	0,625	2	-1,375	1,375	1,0	-0,375	7,375

Tabelle 5 $\qquad \Delta K_n^{(2)} = \Delta K_{n-1}^{(2)} + (n-1) + 0,1$

Vergleicht man die Werte aus Spalte 3 und 4 miteinander, so ergibt sich, daß ein Informationsgewinn bis zur zweiten Informationshandlung zu erwarten ist. Eine weitere Informationsaktivität läßt Zusatzverluste erwarten.

Betrachtet man dagegen den progressiven Kostenverlauf, so ist ein Informationsgewinn noch bis zur dritten Informationshandlung zu erwarten (Vergleich Spalte 3 und 7).

Ergänzt man die vorliegenden diskreten Ertrags- und Kostenfunktionen, die im Zahlenbeispiel nur für ganzzahlige n definiert wurden, zu stetigen und damit differenzierbaren Funktionen, so lassen sich obige Überlegungen in folgendem Diagramm zusammenfassen[1]:

---

1) Die derart gewonnenen Erkenntnisse sind jedoch nur für ganzzahlige Einheiten der Informationshandlung relevant, da diese sinnvollerweise als unteilbar angenommen werden müssen.

GK = Grenzkosten
GE = Grenzertrag
G = Gewinn

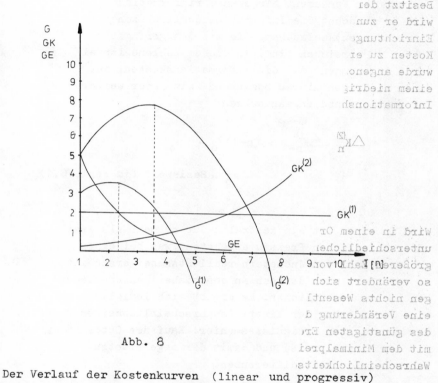

Abb. 8

Der Verlauf der Kostenkurven (linear und progressiv)
läßt sich aus einem unterschiedlichen Verhalten der
Konsumenten bei der Informationssuche erklären. Die
Art der Informationssuche wiederum ist in Abhängigkeit
von den Vorinformationen des Konsumenten zu sehen.

Bei einem Konsumenten, der keinerlei Vorinformation
über die Verteilung des Angebots eines gewünschten

Gutes in einem Ort besitzt, sind die Kosten einzelner
Informationshandlungen zufallsbedingt; die linearen
Kostenzuwüchse $\triangle K_n^{(1)}$ sind als der mittlere Wert
der zufallsbedingten Informationskosten pro Informationshandlung zu interpretieren.

Besitzt der Konsument hingegen Vorinformationen, so
wird er zunächst die Informationsquellen (zentrale
Einrichtungen) aufsuchen, die mit den geringsten
Kosten zu erreichen sind. In diesem Zahlenbeispiel
wurde angenommen, daß die Informationskosten, auf
einem niedrigen Niveau beginnend, mit jeder weiteren
Informationshandlung anwachsen:

$$\triangle K_n^{(2)} = \triangle K_{n-1}^{(2)} + (n-1)a_0 + a_0$$

$$a_0 = \text{Basiswert (im Bspl.:0,1)}$$

Wird in einem Ort ein zentrales Gut zu mehr als zwei
unterschiedlichen Preisen angeboten, was bei einer
größeren Zahl von Anbietern realitätsnäher erscheint,
so verändert sich dennoch an den bisherigen Überlegungen nichts Wesentliches. Es ergibt sich lediglich
eine Veränderung der Eintrittswahrscheinlichkeiten
des günstigsten Ereignisses (hier: Kauf des Gutes
mit dem Minimalpreis) und damit der abgeleiteten
Wahrscheinlichkeitsdifferenzen.

$$p_n(E) = \frac{i^n - (i-1)^n}{i^n}$$

$$p_{n-1}(E) = \frac{i^{n-1} - (i-1)^{n-1}}{i^{n-1}}$$

n = Zahl d.Informa-
tionshandlungen

i = Zahl d.unter-
schiedlichen
Preise

$$p_n(E) - p_{n-1}(E) = \frac{i(i-1)^{n-1} - (i-1)^n}{i^n}$$

$$(6)$$

Gleichung (6) beinhaltet eine allgemeinere Ableitung
der Wahrscheinlichkeitsdifferenzen. Setzt man i = 2
so erhält man Gleichung (5) als eine mögliche Variante.

In der nachfolgenden Erörterung der Kosten-Nutzen-
Problematik der Informationssuche soll von vier verschiedenen Angebotspreisen (i = 4), die in einem Ort
verlangt werden, ausgegangen und zwei **progressive**
Kostenverläufe betrachtet werden. Außerdem soll der
mögliche Gesamtertrag der Informationssuche zwei unterschiedliche Werte annehmen. Die entsprechenden Grenzertrags,
Grenzkosten- und Gewinnverläufe stellen sich dann wie
folgt dar:

[n] 1	$P_n(E)-P_{n-1}(E)$ 2	$[P_n(E)-P_{n-1}(E)]E_1$ 3	$\triangle K_n^{(1)}$ 4	$\triangle G_n^{(1)}$ 5	$G_{\bar{n}}^{(1)}$ 6	$\triangle K_n^{(2)}$ 7	$\triangle G_n^{(2)}$ 8	$G_{\bar{n}}^{(2)}$ 9
1	0,25	2,5	0,1	2,4	2,4	0,05	2,45	2,45
2	0,187	1,87	0,3	1,57	3,97	0,15	1,72	4,17
3	0,145	1,45	0,6	0,85	4,82	0,3	0,95	5,12
4	0,105	1,05	1,0	0,05	4,87	0,5	0,55	5,67
5	0,079	0,79	1,5	-0,71	4,16	0,75	0,04	5,71
6	0,0595	0,595	2,1	-1,505	2,655	1,05	-0,455	5,255
7	0,0447	0,447	2,8	-2,353	0,302	1,4	-0,953	4,302
8	0,035	0,35	3,6	-3,25	-2,948	1,8	-1,45	2,852
9	0,025	0,25	4,5	-4,25	-7,198	2,25	-2,00	0,852
10	0,01875	0,1875	5,5	-5,31	-	2,75	-2,563	-1,711

(i = 4; E_1 = 1o)

Tabelle 6

1	3	5	6	8	9
$[n]$	$[p_n(E)-p_{n-1}(E)]_{E_2}$	$\triangle G_n^{(3)}$	$G_{\bar{n}}^{(3)}$	$\triangle G_n^{(4)}$	$G_{\bar{n}}^{(4)}$
1	5	4,9	4,9	4,95	4,95
2	3,74	3,44	8,34	3,59	8,54
3	2,9	2,3	10,64	2,6	11,14
4	2,1	1,1	11,74	1,6	12,74
5	1,58	0,08	11,82	0,83	13,57
6	1,19	- 0,91	10,91	0,14	13,71
7	0,894	- 1,91	9,00	- 0,706	13,00
8	0,70	- 2,9	6,10	- 1,1	11,90
9	0,50	- 4,0	2,10	- 1,75	10,15
10	0,376	- 5,12	- 3,02	- 2,374	7,776

($i = 4$; $E_2 = 2o$) Tabelle 7

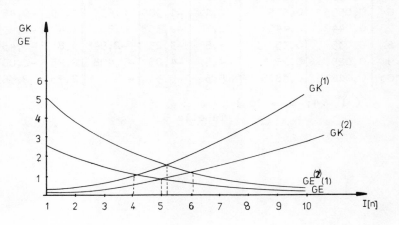

Abb.9

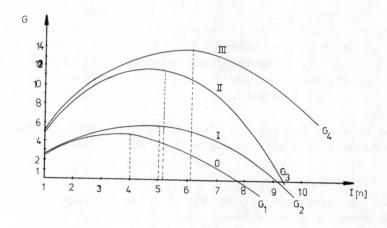

Abb. 10

Der Grenzertragsverlauf in Abb.9 ($GE^{(1)}$) zeigt
einen flacheren Verlauf als die entsprechende (der
mögliche Gesamtertrag ist derselbe: E = 10) Grenz-
ertragsfunktion in Abb.8. D.H. der zusätzliche
Ertrag, der einer weiteren Informationshandlung
beigemessen wird, nimmt bei Vorhandensein von mehr
als zwei unterschiedlichen Preisen langsamer ab;
dies bedeutet, je größer die Preisvariation,
desto lohnender wird eine ausgedehnte Informationsaktivität.

Abb.9 und 10 machen deutlich, daß die Zahl der Informationshandlungen, die ein rational handelnder
Konsument vor einem Kauf vornimmt, steigt, wenn

(1) bei gleichbleibendem Grenzkostenverlauf die
    Grenzerträge der Informationstätigkeit relativ
    zunehmen ($GK^{(1)}$; $GE^{(1)} \rightarrow GE^{(2)}$: O $\rightarrow$ II) oder

(2) bei gleichem Grenzertragsverlauf die Grenzkosten
    relativ kleiner werden ($GE^{(1)}$; $GK^{(1)} \rightarrow GK^{(2)}$: O $\rightarrow$ I)oder

(3) die relative Zunahme der Grenzerträge mit einem
    relativen Sinken der Grenzkosten der Informations-
    aktivität zusammenfällt. ($GK^{(1)} \rightarrow GK^{(2)}$; $GE^{(1)} \rightarrow GE^{(2)}$:O $\rightarrow$ III)

Die relative Zunahme der Grenzerträge von Informationshandlungen wird hier einzig bewirkt durch eine Vergrößerung des möglichen Gesamtertrags der Informationstätigkeit (E_1 = 1o; E_2 = 2o).

Die Informationssuche läßt v.a. bei den Konsumgütern
mit einem höheren Geldwert einen größeren möglichen
Gesamtertrag - hier als die subjektiv bewertete Preisdifferenz zwischen der günstigsten und der ungünstigsten
Alternative dargestellt - erwarten[1]. Derartige Konsum-
güter werden zumeist relativ selten vom Konsumenten
erworben und verfügen in der Regel über eine längere
Lebensdauer. Das Fehlen gewünschter Eigenschaften wirkt sich daher bei diesen Gütern umso stärker
aus. Außerdem sind gerade bei ihnen in der Regel zahlreiche Varianten partieller Substitutionsmöglichkeiten
vorhanden[2]. Die Verlustgefahr ist daher bei hochwer-
tigen Gütern des selteneren Bedarfs - darauf wurde
bereits hingewiesen - besonders hoch einzuschätzen;
entsprechend groß ist der durch Informationsaktivität
zu erwartende Gewinn; das geht aus Abb.10 hervor:
Das Gewinnmaximum der Informationsgewinnkurve O

---

1) vgl. D.L.Huff: Ecological Characteristics of
   Consumer Behavior. In: Papers of the Regional
   Science Association, Vol.7 (1961), S.25
2) vgl. ebenda, S.24

hat sich gegenüber der Informationsgewinnkurve II
in Abb.10 sowohl nach oben als auch nach rechts
verschoben; d.h. die Gewinne je Informationshandlung
sind absolut größer geworden und die Zahl der notwendigen Informationshandlungen in einer optimalen
Informationsstrategie ist größer geworden[1]. Ein
Vergleich der Steigungen der beiden Gewinnkurven
zeigt eine deutlich stärkere Steigung bei Gewinnfunktion II. Dies bedeutet, daß bis zu einer bestimm -
ten Grenze (G = max!) eine zusätzliche Informationshandlung für den Erwerb eines höherwertigen Gutes einen
größeren zusätzlichen Ertrag besitzt als für den Erwerb eines Gutes mit einem niedrigen Geldwert. Das
höhere Versorgungsniveau eines Ortes bietet folglich
dann einen größeren Ertrag für den Erwerb eines Gutes,
wenn das größere Informationspotential des betreffenden Ortes einen zusätzlichen Informationsgewinn erwarten läßt. Dieser kann aber nur dann eintreten,
wenn das aus dem Ertragskostenzusammenhang abgeleitete
Gewinnmaximum der Informationsaktivität noch nicht
erreicht ist, d.h. wenn zusätzliche Informationshandlungen sinnvoll sind, die aber ein größeres Informationspotential (mehr Informationsmöglichkeiten) voraussetzen
und damit ein höheres Versorgungsniveau verlangen.

Ähnliche Zusammenhänge sind bei einer Informations-
kostensenkung zu erkennen.

---

1) Diese Feststellung entspricht den Untersuchungen von
   G.Katona und E.Müller, die feststellten, daß Konsum-
   güter mit einem im Verhältnis zum Einkommen geringen
   Preis nach der Benutzung einer geringeren Zahl von
   Informationsquellen erworben werden als Güter mit
   relativ mittleren oder hoh en Preisen. Die Zahl der
   Varianten, über die die Befragten sich informiert
   hatten, nahm ebenfalls mit der relativen Preishöhe zu.
   Vgl.G.Katona and E.Mueller: A Study of Purchase Decisions
   In: L.H.Clark (Hrsg.): Consumer Behavior I, The Dyna-
   mics of Consumer Reactions, New York 1955,S.66 ff.

Je stärker sich die Informationskosten reduzieren,
desto mehr Informationshandlungen werden sinnvoll, be-
vor ein Kauf getätigt wird, da zusätzliche Gewinne
durch vermehrte Informationssuche zu erwarten sind;
d.h. aber auch, zusätzliche Informationsmöglichkeiten gewinnen an Wertschätzung.

Formal kann der Gewinn der Informationssuche als
eine Funktion der Zahl der Informationsschritte (I)
geschrieben werden: $G = f(I)$; der Gewinn als eine
Funktion $f(I)$ ist abhängig von:

- der erwarteten absoluten Preisdifferenz zwischen
  höchstem und niedrigstem Preis eines zentralen
  Gutes (möglicher Gesamtertrag der Informationssuche),

- den Kosten pro Informationshandlung,
- dem Grad der Preisvariation.

Werden der Grad der Preisvariation und der
Kostenverlauf der Informationsaktivität als konstant
angenommen, so ist - ceteris paribus - der Funktions-
verlauf $f(I)$ abhängig von der erwarteten absoluten
Preisdifferenz bei einem zentralen Gut. Der durchschnittliche Geldwert der Güter einer Funktionsgruppe
wird in der Regel mit steigendem Rang der Funktionsgruppe größer (Beispiel: Lebensmittel, Bekleidung)[1].

1) In der amerikanischen Literatur erfolgt sehr häufig
   eine Differenzierung der Güter in: "convenience goods"
   und "shopping goods". Convenience goods müssen den
   relativ niedrigrangigen Funktionsgruppen zugezählt
   werden: relativ niedriger Spezialisierungsgrad,hohe
   Bedarfshäufigkeit, relativ geringer Geldwert.
   Shopping goods bilden höherrangige Funktionsgruppen:
   relativ hoher Spezialisierungsgrad, relativ niedrige
   Bedarfshäufigkeit und relativ hoher Geldwert.
   Vgl. F.M.Nicosia: Consumer Decision Processes,
   Englewood Cliffs, 1966, S.37 f.

Entsprechend ist die zu erwartende Preisdifferenz und
damit der mögliche Gesamtertrag der Informationssuche
bei Gütern, die einer höherrangigen Funktionsgruppe angehören, in der Regel größer als bei zentralen Gütern einer niedrigrangigeren Funktionsgruppe. D.h. **die**
Funktion $f(I)$ nimmt in Abhängigkeit von der Funktionsgruppe, der das gewünschte Gut angehört, bei höherem
Rang der Funktionsgruppe in der Regel einen steileren
Verlauf (vgl.Abb.10 : 0 $\rightarrow$ II). Die auf eine bestimmte
Funktionsgruppe (Z) zentraler Güte bezogene Informa-
tions-Gewinnfunktion ist dann: $G_z = f_z(I)$.

3.2.2 Örtliches Versorgungsniveau und möglicher
      Informationsgewinn - Ableitung der Attraktivi-
      tätsfunktion

Die Abhängigkeit zwischen der Höhe des Versorgungsniveaus eines Ortes und dem Nutzen, den der Ort dem
Konsumenten beim Kauf eines Gutes bietet, läßt sich
direkt aus dem Kosten-Ertrag-Zusammenhang bei der
Informationssuche herleiten: Der Nutzen eines zentralen
Ortes für den Einkauf einer Ware, d.h. seine Attraktivität bezüglich dieser Ware ist gleich der subjektiven
Einschätzung des möglichen Gewinns, der nach Wahrneh-
mmung der Informationsmöglichkeiten dieses Ortes zu erwarten ist[1]. "Thus the place utility of a town for
a shopper mide reside in its range of shopping opportuni-
ties"[2]. Formal läßt sich dieser Zusammenhang wie folgt
ableiten:

(1) Der Gewinn der Informationsaktivität bezüglich
    einer bestimmten Funktionsgruppe zentraler Güter
    ist eine Funktion der Zahl der Informationsschritte:

$$G_z = f_z(I)$$

---

1) In einer umfangreichen empirischen Untersuchung von
   Berry, Barnum u.Tennant stellte sich für alle einbezogenen Funktionsgruppen bei der Wahl des Versorgungsortes die Zahl der vorhandenen "shopping oppor-
   tunities" (Zahl der zentralen Einrichtungen, die
   Güter der betreffenden Funktionsgruppe anbieten)
   als signifikant heraus. Vgl. B.J.L.Berry, H.G.Barnum
   and R.J.Tennant: Retail Location and Consumer Behavior... a.a.O.; vgl. auch R.Hantschel: Entwicklung,
   Struktur und Funktion kleiner Städte in einem Ballungsgebiet, dargestellt an Beispielen aus dem südlichen Umland von Frankfurt/Main. In: W.Fricke,
   R.Hantschel und G.Jacobs: Untersuchungen zur Bevöl-
   kerungs- und Siedlungsentwicklung im Rhein-Main-
   Gebiet, Frankfurt, 1971 (=Rhein-Mainische Forschungen
   71, S.154): Die weitaus am häufigsten von Konsumenten genannten Gründe für einen Kauf außerhalb ihres
   Wohnortes in Orten mit einem besseren Versorgungsniveau waren: Größeres Angebot und Auswahl, bessere
   Vergleichsmöglichkeit und günstige Preise.
2) K.R.Cox: Man, Location and Behavior: An Introduction
   to Human Geography, New York, London, Sydney, Toronto,
   1972, S.43

(2) Die Zahl der möglichen Informationsschritte
in einem Ort - zum Zwecke des Erwerbs zentraler Güter
der Funktionsgruppe Z ($I_{z(pot)}$) - ist eine Funktion des
örtlichen Versorgungsniveaus:

$$I_{z(pot)} = \delta_z(V)$$

wobei $\delta_z = \dfrac{d\lambda_z}{dV} = -\ln\alpha \cdot \alpha^{z-1}$[1])

(3) Der Nutzen N, den ein örtliches Versorgungsniveau für den Kauf eines Gutes stiftet, sei
gleich der subjektiven Bewertung des möglichen
Gewinns, der aus dem Informationspotential des
betreffenden Ortes gezogen werden kann: $N = \mu G$

Aus (1) und (2) ergibt sich der Gewinn, der bei der
Informationssuche aus dem Informationspotential eines
Ortes bzgl. der zentralen Güter einer Funktionsgruppe
Z gezogen werden kann:

$$G_z = \rho_z\left[\delta_z(V)\right]$$

Der Nutzen eines Ortes für die Nachfrage eines zentralen
Gutes der Funktionsgruppe Z ist damit in Abhängigkeit
vom Versorgungsniveau des Ortes nach (3):

$$N = \mu \cdot G_z = \mu\left\{\rho_z\left[\delta_z(V)\right]\right\}$$

---

[1])

$$V = \frac{1-\lambda_1}{\ln\alpha} \qquad \lambda_z = \lambda_1 \cdot e^{(z-1)\ln\alpha}$$

$$\lambda_z = \left(1 - \ln\alpha \cdot V\right)\left(e^{(z-1)\ln\alpha}\right)$$

$$\lambda_z = \alpha^{z-1} - \ln\alpha \cdot \alpha^{z-1} \cdot V$$

$$\frac{d\lambda_z}{dV} = -\ln\alpha \cdot \alpha^{z-1}$$

Diese Funktion $N(V)_z$ soll im Folgenden als <u>Attraktivitätsfunktion</u> bezeichnet werden[1].

Für die einzelnen Funktionsgruppen zentraler Güter ergeben sich unterschiedliche Verläufe der Attraktivitätsfunktion. Greift man drei Funktionsgruppen von unterschiedlichem Rang heraus, so ergibt sich folgendes Bild:

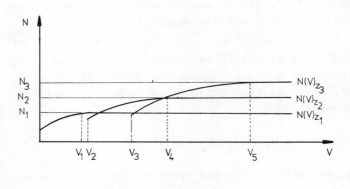

Abb.11

Die Attraktivitätsfunktionen für zentrale Güter einer höherrangigen Funktionsgruppe (in Abb.11: Z_2 und Z_3) beginnen erst bei einem höheren Versorgungsniveau $N(V)_{z_2} \longrightarrow V_2$; $N(V)_{z_3} \longrightarrow V_3$), da das örtliche Angebot in der angenommenen hierarchisch gegliederten vertikalen zentralörtlichen Angebotsstruktur erst ab einem

---

1) "Attractiviness from the shopper's view point can be equated largely with the number of functions purveyed.." K.R.Cox: Man, Location and Behavior: An Introduction to Human Geography, New York, London, Sydney, Toronto, 1972, S.214

bestimmten örtlichen Versorgungsniveau eine höherrangige Funktionsgruppe enthält.

Die Attraktivitätsfunktionen aller Güter erreichen
bei bestimmten Versorgungsniveaus ihr funktions-
gruppenspezifisches Nutzenmaximum und verlaufen dann
parallel zur Abzisse; d.h. ab einer bestimmten Grenze
stiftet eine weitere Erhöhung des örtlichen Versor-
gungsnivaus keinen zusätzlichen Nutzen für einen
Einkauf des betreffenden Gutes mehr. Beim Kauf einer
Ware der Funktionsgruppe Z_1 wird beispielsweise dem
Versorgungsniveau V_1 eines zentralen Ortes der gleiche
Nutzen zugemessen wie einem Versorgungsniveaus V_4,
obwohl eine Differenz $\triangle V = V_4 - V_1$ besteht. Die zusätzlichen Informationsmöglichkeiten, die ein Ort mit
dem Versorgungsniveau V_4 in Gestalt von zusätzlichen
zentralen Einrichtungen (gegenüber V_1) anbietet,
bedeutet für den dort einkaufenden Konsumenten keinen
zusätzlichen Nutzen mehr, da die Kosten einer möglichen
vergrößerten Informationsaktivität deren Ertrag über-
treffen, d.h. der Konsument wird solange-ceteris
paribus - einen zentralen Ort mit einem höheren Versorgungsniveau bevorzugen, bis die Kosten für die Ausschöpfung des verfügbaren Informationspotentials gerade
gleich den erwarteten Erträgen der Informationssuche
sind.

3.3   Der Raumwiderstand

3.3.1 Definition des Raumwiderstands

Der Raum ist definiert durch seine Streckung in drei
Dimensionen. Er kann entweder in allen drei Dimensionen
erfaßt werden; als Raumvolumen (m^3), oder beschränkt auf
zwei Dimensionen; als Raumfläche (m^2), oder beschränkt
auf eine Dimension; als Raumstrecke (m).

Der Transport von Menschen, Material und Informationen
vollzieht sich im Raum auf einer Raumstrecke, die
(1) durch die absolute Entfernung zwischen Ausgangs-
    ort und Zielort der räumlichen Bewegung und
(2) durch die relative Entfernung zwischen Ausgangs-
    ort und Zielort beschrieben werden kann.

Die relative Entfernung zwischen zwei räumlichen
Punkten bezieht sich auf die Relativierung der absoluten Raumstrecke nach Faktoren wie Transportkosten oder
Zeitaufwand[1]. Die relative Entfernung läßt die Widerstände erkennen, die der Raum jeder Bewegung in ihm
entgegensetzt: jede Überwindung der Widerstände ist –
abhängig von der Beschaffenheit der Wegstrecke und des
benutzten Transportmittels – verbunden mit Kosten und
Zeit. Der Raumwiderstand(w) ist folglich zu definieren
als der Aufwand, den eine bestimmte absolute Raumstrecke (z.B. 1 km) bei ihrer Überwindung an Zeit
(zeitlicher Raumwiderstand) und Kosten (kostenmäßiger
Raumwiderstand) verursacht.[2]

$$\text{Raumwiderstand (w)} = \frac{\text{Kosten/Zeit}}{\text{Streckeneinheit}} \qquad \left[\frac{\text{DM/min}}{\text{km}}\right]$$

---

1) vgl. R.Abler, J.S.Adams, P.Gould: Spatial Organization...a.a.O., S.74 ff. Christaller bezeichnet
   die relative Entfernung als "wirtschaftliche Entfernung". Vgl.W.Christaller:Die zentralen Orte...,
   a.a.O., S.56
2) vgl. G.Isenberg: Bestimmungsgründe für Umfang und
   Richtung im Personenverkehr. In: Aufgabenteilung
   im Verkehr, Forschungs- und Sitzungsberichte der
   Akademie für Raumforschung und Landesplanung,
   Bd.24, Hannover 1963, S.144

3.3.2 Ableitung der Distanzfunktion

Aufgrund zeitlicher und kostenmäßiger Raumwiderstände
bedeutet jeder Transport von Menschen, Gütern und
Informationen über eine bestimmte Raumstrecke einen
Nutzenentgang, da sowohl die benötigte Zeit als
auch der Verbrauch von Leistungen beim Transport für
alternative Zwecke eingesetzt werden könnten (opportunity-costs)[1].

Der Nutzenentgang für den einzelnen Konsumenten ergibt sich aus der subjektiven Bewertung der entstehenden Kosten bzw. der benötigten Zeit bei Überwindung
einer bestimmten Wegstrecke. Der Nutzenentgang ist
demnach eine Funktion der absoluten Distanz zwischen
Ausgangspunkt und Endpunkt eines Transports sowie
des für diese Wegstrecke gültigen zeitlichen und kostenmäßigen Raumwiderstands. Wird w als konstant für alle
im Raum möglichen Wegstrecken angenommen, dann ergibt sich
der subjektiv bewertete Nutzenentgang der Raumüberwindung als:

$$N = \bar{g}\ (\bar{w} \cdot d\ )$$

g = Parameter der subjektiven Wertung

$\bar{g}$ = Konst.

$\bar{w}$ kann interpretiert werden als die in einem betrachteten
Raum allgemein gültigen opportunity-costs bei Überwindung einer absoluten Distanzeinheit und soll im Folgenden als "Transportkoeffizient" bezeichnet werden.

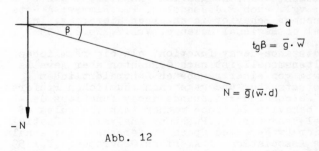

$$tg\beta = \bar{g} \cdot \bar{w}$$

$$N = \bar{g}(\bar{w} \cdot d)$$

Abb. 12

---

1) vgl. K.R.Cox: Man, Location and Behavior...a.a.O.,
S.36

3.4 Die räumliche Präferenzfunktion

3.4.1 Zusammenhang zwischen Attraktivitätsfunktion und Distanzfunktion

Die Attraktivitätsfunktion gibt die Wertschätzung örtlicher Versorgungsniveaus durch den Konsumenten beim Kauf von Gütern unterschiedlicher Funktionsgruppen wieder. Bis zu einer bestimmten Grenze bedeutet ein höheres Versorgungsniveau für den Konsumenten einen Nutzenzuwachs.

Die Distanzfunktion stellt im Gegensatz dazu Nutzenminderungen fest, die mit der Zunahme der Distanz wachsen[1]. Die Abschätzung der Vorteilhaftigkeit eines zentralen Ortes für die Befriedigung eines bestimmten Kaufwunsches beruht auf einer im Vergleich zu anderen Orten vorzunehmenden Abwägung der Vorteile der örtlichen Versorgungsniveaus bzgl. des betreffenden zentralen Gutes auf der einen und dem unterschiedlich hohen Aufwand für die Raumüberwindung auf der anderen Seite[2]. "In terms of spatial choice this could mean, that the more attractive the location supply point appears to a potential consumer the more willing

---

1) Einige räumliche Verhaltensmodelle sind ausschließlich auf einer sog. "distance-decay-function" aufgebaut. In ihnen werden die räumlichen Präferenzstrukturen für die Versorgungsaktivität ausschließlich als eine Funktion der Distanz gesehen. Vgl. R.S.Yuill: Spatial Behavior of Retail Costumers, Some Empirical Measurements. In: Geografiska Annaler, 49A-B (1967), S.111; vgl. auch R.J.Johnston, P.J.Rimmer: A Note on Consumer Behavior in an Urban Hierarchy, In: Journal of Regional Science, Vol.7, No.2, (1967), S.162, 165 f.
Die "distance-decay-function" als ein räumliches Verhaltensmodell ist nach G.Rushton aber jeweils abhängig von einer gegebenen Zentralörtlichen Angebotsstruktur und gegebenen räumlichen Präferenzen. "We conclude: distance decay-functions describe behavior in space rather than the rules of Spatial behavoir." G.Rushton: Analysis of Spatial Behavior by Revealed Space Preferences, In: Annals of the Association of American Geographers,Vol.59 (1969), S.393
2) Entspricht der Idee eines "trade-off between attractiviness and movement costs".K.R.Cox: Man, Location and Behavior...,a.a.O., S.39

will he be to overcome a greater distance to reach it,
before the economic constraints of opportunity costs
reduce the attraction of even the most attractive
stimuli."[1]

Folgende räumliche Situation vor dem Kauf eines
Gutes einer Funktionsgruppe Z sei gegeben:

V_{b1} = Versorgungs-
niveau des Ortes
$b1$

V_{b2} = Versorgungsniveau
des Ortes b_2

V_s = Versorgungsniveau
des Wohnortes S

$$V_s < V_{b1}$$
$$V_s < V_{b2}$$

Für den in S wohnenden Konsumenten liegt eine eindeutige räumliche Konsumentscheidung dann vor, wenn gilt:

$$d_1 < d_2 \quad \text{und} \quad V_{b1} \geq V_{b2} \quad \text{oder}$$
$$d_1 = d_2 \quad \text{und} \quad V_{b1} \lessgtr V_{b2}$$

Die Inanspruchnahme eines Ortes unter diesen Bedingungen bedeutet "grundsätzlich, daß dieser Ort einen Aus-
stattungsvorteil (mehr Ladengeschäfte insgesamt,
größere Zahl von Ladengeschäften gleicher Branchen,
größere Zahl von Branchen) gegenüber allen Einkaufs-
orten in gleicher oder geringerer Distanz besitzt."[2]

1) P.E.Murphy: A Study of the Influence of Attitudes,
   as Behavioral Parameters on the spatial' Choice
   Patterns of Consumer, Dissertation, Ohio State University, 1970, S.9
2) U.Müller und J.Neidhardt: Einkaufsorientierung als
   Kriterium für die Beziehung von Größenordnung und
   Struktur konsumorientierter Funktionsbereiche. In:
   Stuttgarter Geographische Studien, hrsg.v.W.Meckelein
   und C.Borcherdt, Bd.84, Stuttgart 1972, S.41

Gilt hingegen:

$$d_1 > d_2 \quad \text{und} \quad V_{b1} > V_{b2} \quad \text{oder}$$
$$d_1 < d_2 \quad \text{und} \quad V_{b1} < V_{b2} \, ,$$

so ist sofort keine eindeutige Entscheidung möglich. Es muß in diesem Fällen an Hand der bestehenden Distanz- und Attraktivitätsfunktion der Nutzenentgang infolge der zusätzlichen Entfernung $\triangle d = d_1 - d_2 \left[\longrightarrow -\triangle N_d \right]$ in Beziehung gesetzt werden zum zusätzlichen Nutzen, den ein Einkauf in der betreffenden Funktionsgruppe in Ort b_1 gegenüber einem Ort b_2 stiftet:

$$\triangle V = V_{b1} - V_{b2} \left[\longrightarrow \triangle N_b \right]$$

Wird die höhere Attraktivität von b_1 höher eingeschätzt als der größere Transportaufwand, so erfolgt - ceteris paribus - die Nachfrage der betreffenden Ware in b_1:

$$\left| \triangle N_b \right| > \left| \triangle N_d \right|$$

"Clearly those places with higher movement costs can only induce movement if they are more attractiv than places with lower movement costs. The degree to which they must be more attractiv will depend on how large the movement costs incurred will be; if movement costs are very great, the attractiviness of the destination must be equivilantly greater"[1].

Gilt hingegen $\left| \triangle N_d \right| = \left| \triangle N_b \right|$, so liegt eine indifferente Situation vor. Es ist für den Konsumenten gleich vorteilhaft, in b_1 oder b_2 das gewünschte Gut nachzufragen.

---

1) K.R.Cox: Man, Location and Behavior...,a.a.O., S.39

3.4.2 Ableitung räumlicher Indifferenzkurven

Aus der Distanz- und Attraktivitätsfunktion können eine
Vielzahl möglicher indifferenter Situationen abgeleitet
werden. Sie lassen sich zu räumlichen Indifferenzkurven
zusammenfassen:[1]

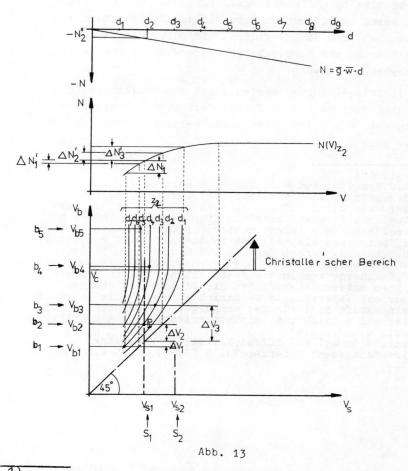

Abb. 13

[1] Über den Zweck und die Gewinnung von Iso-Niveau-Funk-
tionen vgl. D.Ekel: Die Bedeutung der Indifferenzkurvenanalyse für die ökonomische Theorie. In: Schmollers
Jahrbuch, Bd.91(1971) , S.447 ff.

Die abgeleiteten Indifferenzkurven gelten für eine
bestimmte Funktionsgruppe zentraler Güter (in Abb.13
für z_2), für welche die der Ableitung zugrunde liegende
Attraktivitätsfunktion als gegeben angenommen wurde[1].
Alle Indifferenzkurven liegen oberhalb der 45°-Linie
in einem Feld, das durch die veränderlichen Größen
V_s (Versorgungsniveau des Wohnorts S) und V_b (Versorgungsniveau einer beliebigen örtlichen Versorgungsalternative b) definiert wird. Unterhalb der 45°-Linie
sind keine indifferenten Situationen möglich, da davon
auszugehen ist, daß "residents of individual towns
shop through the hierarchy of centers above the level
of their home-town"[2].

Die Indifferenzkurven werden durch die Entfernung (d)
zwischen Wohnort und örtlicher Versorgungsalternative
indiziert. Für jeden Punkt einer beliebigen Indifferenzkurve gilt[3]:

---

1) vgl. Abb.11
2) R.J.Johnston and P.J.Rimmer: A Note on Consumer
   Behavior in an Urban Hierarchy...a.a.O., S.161
   vgl. ebenda: S.163f.; so auch H.G.Barnum: "In vir-
   tually all cases travel is from a smaller center of
   residence to a larger center for the purchase desired
   if purchases are not made in the center of residence"
   H.G.Barnum: Market Centers and Hinterlands in Baden-
   Württemberg...a.a.O., S.47 f. Auch U.Müller und
   J.Neidhardt machen die Feststellung, daß in den von
   ihnen untersuchten Fällen die Einkaufsbeziehungen
   nur auf Versorgungsorte gerichtet sind, "die ranghöher
   eingestuft sind als der versorgte Ort selbst". U.Mül-
   ler und J.Neidhardt: Einkaufsorientierung als Kriterium
   ..., a.a.O., S.41
3) vgl. W.Baumol and E.Ide: Variety in Retailing,
   in: Management Science, Vol 3 (1956), S.95 f.

$$N(V_b) - N(V_s) = \triangle N = \left| N(d_b) \right|$$

$$N(V_b) - N(V_s) - \left| N(d_b) \right| = 0$$

$$\bar{\mu} \left\{ \ell_2 \left[\delta_2(v_b) \right] - \ell_2 \left[\delta_2 (v_s) \right] \right\} - \bar{g}(\bar{w} \cdot d_b) = 0$$

$$d_b = \frac{\bar{\mu}}{\bar{g} \cdot \bar{w}} \left\{ \ell_2 \left[\delta_2(v_b) \right] - \ell_2 \left[\delta_2 (v_s) \right] \right\}$$

Für eine einzelne Indifferenzkurve (z.B. d_2) gilt
$d = d_2 =$ konst.; da auch die Parameter g und w als
konstant angenommen werden, besitzt der Ausdruck
$g(w \cdot d_2) = \left| N(d_2) \right|$ für den gesamten Verlauf der
betreffenden Indifferenzkurve einen gleichbleibenden
Wert; d.h. die Nutzendifferenz $\ell_2 \left[\delta_2(v_b) \right] - \ell_2 \left[\delta_2(v_s) \right]$
muß (bei konstantem μ) entlang einer Indifferenz-
kurve ebenfalls konstant bleiben. Da die Attraktivitätsfunktion bei steigendendem Versorgungsniveau
einen degressiven Verlauf aufweist, kann die Konstanz
der Nutzendifferenz nur dann gewährleistet bleiben,
wenn mit steigendem V_s die Differenz $V_b - V_s$ größer
wird. Dies bedeutet, die Indifferenzkurven besitzen
einen progressiven Verlauf.

"The concept of the indifference surface can be
applied to spatial choice by allowing the attributes
which locations posses to correspond to the commodity
bundles in the theory of consumer behavior. In this
way the indifference surface which results describes
a preference ordering of all conceivable combinations
of the attributes named. An indifference curve in
this application is simply a function which defines a
set of spatial situations among all of which a person
is indifferent."[1]

1) G.Rushton: Analysis of spatial behavior by revealed
   space preferences...,a.a.O., S.395

Punkt P_2 auf der Indifferenzkurve d_2 in Abb.13 markiert
eine indifferente räumliche Versorgungssituation für
den in Ort S_1 wohnenden Konsumenten. Ort S_1 besitzt
das Versorgungsniveau V_{s1}. Die Entfernung zwischen S_1
und einer örtlichen Versorgungsalternative b_2 betrage
d_2. Ist das Versorgungsniveau von b_2 um $\triangle V_2$ größer
als das von S_1, dann besitzt der Konsument für den
Kauf einer Ware der Funktionsgruppe Z_2 bzgl. S_1 oder
b_2 keine bestimmte räumliche Präferenz, da der Nutzenentgang infolge $d_2(\longrightarrow -N_2'')$ gerade dem zusätzlichen
Nutzen von $\triangle V_2$ $(\longleftarrow \triangle N_2')$ entspricht.

Anders bei einem Ort b_1, der ebenfalls d_2 von S_1 entfernt liegen soll, und der ein um $\triangle V_1$ niedrigeres
Versorgungsniveau als der Wohnort S_1 besitze. Da
der Kauf in S_1 gegenüber b_1 um $\triangle N_1$ vorteilhafter
ist, liegt eine eindeutige Präferenz für S_1 vor.
Der gesamte Nutzenentgang $\triangle N_1$, den ein Kauf in
der betreffenden Funktionsgruppe in einem Ort mit
dem Versorgungsniveau V_{b1} zur Folge hätte, setzt sich
zusammen:

- aus dem geringeren Nutzen des Versorgungsniveaus
  von b_1: $\triangle V_1$ ($\longrightarrow \triangle N_1'$) und

- aus dem Aufwand zur Raumüberwindung der Distanz d_2
  ($\longrightarrow -N_2''$).

Eine Versorgungsalternative b_3 besitze gegenüber S_1
ein um $\triangle V_3$ größeres Versorgungsniveau. Auch in diesem
Fall ist eine eindeutige räumliche Präferenz gegeben:
ein Kauf in einem Ort b_3 mit dem Versorgungsniveau
V_{b3} erbringt dem Konsumenten gegenüber S_1 einen
zusätzlichen Nutzen von $\triangle N_3 = \triangle N_3' - N_2''$

d.h. die Differenz der Versorgungsniveaus von Ort S_1
und b_3 wirkt sich stärker aus als die Entfernung (d_2)
zwischen beiden Orten.

Allgemein kann gesagt werden, daß alle örtlichen
Versorgungsalternativen (b) gegenüber dem Wohnstandort S_1 bei einer Nachfrage in der Funktionsgruppe Z_2
bevorzugt werden, die auf einem der Indifferenzkurven-
abschnitte liegen, welche rechts von der
durch V_{s1} parallel zur Ordinate gezogenen Geraden
ihren Platz haben. Je größer das Versorgungsniveau
des Wohnortes ($V_{s2} > V_{s1}$), umso kleiner wird generell
die Wahrscheinlichkeit einer Versorgungsorientierung
außerhalb des Wohnortes.

Alle möglichen räumlichen Alternativen sind nicht nur
zum jeweiligen Wohnort durch das Indifferenzkurvenfeld
in eine eindeutige Präferenzordnung zu bringen, darüberhinaus sind auch alle örtlichen Versorgungsalternativen
untereinander unter Berücksichtigung der Kriterien
ihrer Distanz zum Wohnort und ihres Versorgungsniveaus
nach ihrer Vorteilhaftigkeit für den Konsumenten
in einem beliebigen Wohnort durch das Indifferenzkurvenfeld einer Präferenzordnung unterstellt. So ist
beispielsweise der Ort b_3 der örtlichen Versorgungsalternative b_4 mit dem Versorgungsniveau Vb_4 vorzu-
ziehen, wenn der Konsument in S_1 wohnt. U.Müller und
J.Neidhardt stellen in ihrer empirischen Untersuchung
hiermit übereinstimmend fest, daß ein Versorgungsort
nur dann in nennenswertem Umfang in Anspruch genommen wird, "wenn er einen Distanzvorteil gegenüber allen
Versorgungsarten gleicher und insbesondere höherer
Stufe besitzt."[1] W.A.V.Clark kommt zu dem gleichen

1) K.Müller und J.Neidhardt: Einkaufsorientierung als
   Kriterium..., a.a.O., S.41

Schluß, formuliert ihn aber anders: Die Reichweite
eines Gutes (=durchschnittliche Aktionsreichweite aller
befragten Konsumenten bzgl. des betreffenden zentralen
Gutes) steigt mit zunehmender Höhe des Versorgungsniveaus des aufgesuchten Versorgungsortes[1].

Ab einem bestimmten Versorgungsniveau (V_c) weist die
Attraktivitätsfunktion keine Nutzenzuwächse bei Vergrößerung des Versorgungsniveaus mehr auf, d.h. sie
stagniert und verläuft parallel zur Abzisse[2]. Dies
bedeutet aber für die Indifferenzkurven, daß sie ab
$V_b=V_c$ zur Ordinate parallel laufende Geraden bilden,
da der transportbedingte Nutzenentgang $\triangle N(d)$ ab
V_c nicht durch einen Nutzenzuwachs bei Erhöhung des
Versorgungsniveaus ($V_b > V_c$) ausgeglichen werden kann.
Der durch $V_b = V_c$ begrenzte Bereich von parallel zur
Ordinate verlaufenden Indifferenzgeraden soll als
"Christaller'scher Bereich" bezeichnet werden, da in
ihm die Annahme des Christaller'schen Zentralitätsmodells gültig ist: die räumliche Nachfrage aller
Güter erfolgt am nächstmöglichen zentralen Ort; dies
bedeutet, auch eine noch so große Versorgungsniveau-
differenz zwischen zwei örtlichen Versorgungsalternativen (in Abb.13: $V_{b5}-V_{b4}$) vermag eine noch so
kleine Entfernungsdifferenz (d_5-d_4) nicht auszugleichen.

Für weitere Funktionsgruppen zentraler Güter lassen
sich in gleicherweise adäquate Indifferenzkurvensysteme
ableiten. Gemeinsam ergeben sie die räumliche Präferenzfunktion, welche unter den angenommenen Rahmenbedingun-
gen zu einem bestimmten Zeitpunkt unabhängig von einer

1) vgl. W.A.V.Clark: Consumer Travel Patterns and the
   Comcept of Range, a.a.O., S.393 ff.
2) vgl. Abschnitt 3.2.2

bestimmten Struktur des räumlichen Versorgungsangebots gilt[1].

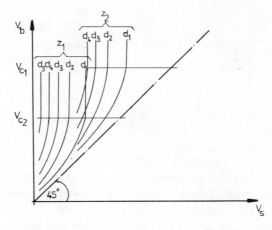

Abb.14

3.4.3 Gravitationsmodell und räumliche Präferenzstruktur

Gravitationsmodelle versuchen, in Anlehnung an das
Gravitationsgesetz der physikalischen Mechanik die
Intensität von Interaktionen zwischen zwei Orten als
direkt proportional zu ihrer "Masse" und umgekehrt
proportional zur Entfernung zu erfassen. Als Meßwerte
für die "Masse" der Orte werden abhängig vom Unter-
suchungszweck unterschiedliche Größen verwandt:
Einwohnerzahl, Umsatz, Zahl der Geschäfte, Größe der
örtlichen Verkaufsfläche, etc. Analog zum Gravitationsgesetz der Physik stellen sich die Beziehungen

---

1) vgl. G.Rushton: Analysis of Spatial Behavior by
   Revealed Space Preferences, a.a.O., S.393

zwischen zwei Orten i und j wie folgt dar:

$$F = G \ \frac{P_i^{\gamma} \cdot P_j^{\gamma}}{d_{ij}^{\vartheta}} \quad (7)$$

P_i, P_j = Bedeutung (Masse) des Ortes i bzw. j

G = Proportionalitätsfaktor

d_{ij} = Entfernung zw. i und j

γ, ϑ = exponentielle Parameter; geschätzte Werte

N.J.Reilly hatte 1929 erstmalig mit Hilfe des "law of retail gravitation"[1] versucht, die Einflußsphären zweier Orte bzgl. ihres Handels mit dem Umland gegeneinander abzugrenzen, indem er annahm, daß der Einfluß eines Ortes mit der Größe seiner Bevölkerung zunimmt und umgekehrt proportional mit dem Quadrat der Entfernung abnimmt:

$$\frac{P_i}{d_{bi}^2} = \frac{P_j}{d_{bj}^2} \quad ; \quad \frac{d_{bi}}{d_{bj}} = \sqrt{\frac{P_i}{P_j}}$$

Reilleys Ansatz ist ein spezieller Fall obiger Gravitationsformel[2].

Angewandt auf die im Zusammenhang dieser Arbeit interessierenden Interaktionen zwischen einem einzelnen Konsumenten und potentiellen nach Distanz und Versorgungsniveau unterschiedenen örtlichen Versorgungsalternativen, läßt sich die Gravitationsformel (7) wie folgt schreiben[3]:

---

1) vgl. W.J.Reilly: Methods for the Study of Retail Relationships; University of Texas, Bulletin 2944, 1929
2) vgl. W.Kau: Theorie und Anwendung raumwirtschaftlicher Potentialmodelle, Tübingen 1970, S.189 f.
3) vgl. H.W.Richardson: Regional Economics, Location theory, urban structure and regional change, London, 1969, S.133

$$P_{ij} = G \; \frac{V_j^{\gamma}}{d_{ij}^{\vartheta}} \; (8)$$

P_{ij} = Attraktivitätspotential eines Ortes j bezogen auf einen Konsumenten im Wohnort i

G = konstanter Proportionalitätsfaktor

V_j = Versorgungsniveau einer örtlichen Versorgungsalternative j

d_{ij} = Distanz zwischen i u. j

γ, ϑ = exponentielle Parameter; geschätzte Werte

Nach Berry ist die Verwendung des Versorgungsniveaus eines Ortes (bei Berry gemessen durch die Zahl der zentralen Funktionen, die an dem Ort vertreten sind) ein sinnvoller Größenindex für das Gravitationsmodell[1].

Formel (8) beinhaltet im Sinne der bisherigen Ausführungen eine bestimmte räumliche Präferenzstruktur[2]. Jede mögliche räumliche Versorgungssituation für einen Konsumenten in i ist in Formel (8) enthalten; für jede Kombination von V_j und d_{ij} läßt sich eine Attraktivitätspotentialziffer P_{ij} ermitteln . Setzt man:

$$P_{ij} = P_k = G \; \frac{V_j^{\gamma}}{d_{ij}^{\vartheta}} = \text{konst. },$$

so erhält man eine Indifferenzkurve mit einem bestimmten konstanten Attraktivitätsniveau.
Es lassen sich beliebig viele Indifferenzkurven auf diese Weise bestimmen ($P_1, P_2 \ldots P_k \ldots P_n$).
Jede einzelne Indifferenzkurve beinhaltet jeweils eine Vielzahl möglicher, gleichwertiger räumlicher Versorgungssituationen. Aber nur eine der vielen

---

1) vgl. B.J.L.Berry: Geography of Market Centers and Retail Distribution, 1967, S.40
2) vgl. G.Rushton: Analysis of Spatial Behavior by Revealed Space Preferences, a.a.O., S.396

Indifferenzkurven gibt alle jene potentiellen örtlichen
Versorgungsalternativen wieder, die auch eine Indif-
ferenz gegenüber dem Wohnort des Konsumenten auszeichnet.
Es ist jene Indifferenzkurve, für die gilt:

$$P_k = V_i = G \frac{V_j^r}{d_{ij}^3} \qquad V_i = \text{Versorgungsniveau des Wohnorts}$$

D.h., das Attraktivitätsniveau der örtlichen Versorgungsalternativen auf dieser Indifferenzkurve ist
gleich dem Versorgungsniveau des Wohnorts.

Aus dem Indifferenzkurvenfeld, welches aus der Gravitationsformel (8) abgeleitet werden kann, lassen sich für die
verschiedenen V_i-Werte alle möglichen V_j/d_{ij}-Kombina-
tionen in das bereits bekannte V_j-V_i-Koordinatenfeld
übertragen[1].

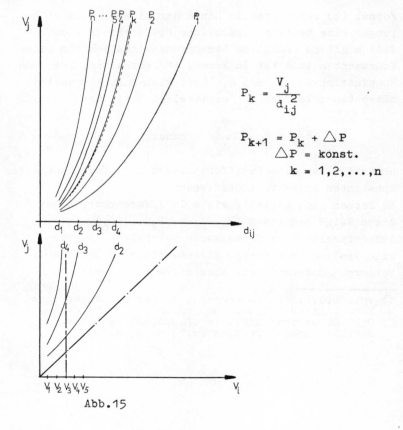

$$P_k = \frac{V_j}{d_{ij}^2}$$

$$P_{k+1} = P_k + \triangle P$$
$$\triangle P = \text{konst.}$$
$$k = 1,2,\dots,n$$

Abb.15

Gravitationsformel(8)beinhaltet demnach implizit eine
bestimmte räumliche Präferenzstruktur, die im Ergebnis
mit den bisherigen Ableitungen übereinstimmt. Das Gravitationsmodell enthält allerdings keine Erklärung
der Ergebnisse, die es zeitigt. Es kann lediglich zur
Beschreibung einer gegebenen Präferenzstruktur oder
zur Prognose zukünftiger Präferenzstrukturen dienen.
Der Wert der Prognose hängt von der exakten Schätzung
der exponentiellen Parameter ab.
Über die Faktoren, die eine Veränderung der Parameter
im Zeitablauf bewirken, und über die Wirkungszusammen-
hänge, gibt das Gravitationsmodell selbst keine Auskunft.
"Perhaps most important of these limitations is the
fact that the gravity concept is essentially an empirical
notion. It has very little, if any, theoretical sub-
stance. It tells nothing about why observed regularities
occur as they do under varoius situations."[1].

---

1) v.S.78 vgl. G.Rushton, R.G.Golledge and W.A.V.Clark:
   Formulation and Test of a Normative Model for Spatial Allocation of Grocery Expenditures by a Dispersed Population, In: Annals of the Association of
   American Geographers, Vol.57 (1967), S.393 ff. insbesondere Fig.3

1) D.L.Huff: Ecological Characteristics of Consumer
   Behaviour. In: Papers and Proceedings of the Regional
   Science Association, Vol.7, 1961, S.20

4. Zentralörtliche Angebotsstruktur und raumbezogenes Versorgungsverhalten

4.1 Der Aktionsraum des Konsumenten

Mit der Ableitung der räumlichen Präferenzfunktion wurde versucht, den Entscheidungsrahmen abzustecken, der unabhängig von der aktuellen zentralörtlichen Angebotsstruktur für das raumbezogene Konsumentenverhalten die Basis bildet. Die räumliche Präferenzfunktion beschreibt - wie G.Rushton es ausdrückt - die Regeln, nach denen örtliche Versorgungsalternativen bewertet werden: "This procedure we may call spatial behavior, reserving the term behavior in space for the description of the actual spatial choices made in a particular system. Since behavoir in space is in part determined by the particular spatial system in which it has been observed, it is not admissable as a behavioral postulate in any theory. In short, such behavior is not independent of the particular system in which it has been studied. On the other hand, a postulate which describes the rules of spatial behavior is capable of generating a variety of behavior patterns in space as the system of central places, to which the rules are applied, is allowed to change."[1].

Die Präferenzfunktion, in der allgemein "spatial behavior" zum Ausdruck kommt, läßt sich auf viele zentralörtliche Angebotsstrukturen beziehen, was im Ergebnis ein jeweils unterschiedliches "behavior in space" bewirkt . Die Ausstattung des potentiellen Aktionsraums des Konsumenten mit örtlichen Versorgungsalternativen bildet die räumlich-strukturelle Komponente des räumlichen Versorgungsverhaltens.

---

1) G.Rushton: Analysis of Spatial Behavoir by Revealed Space Preferences, a.a.O., S.392

Um Aussagen über die aktuelle räumliche Konsumentschei-
gung machen zu können, sind also in den Entscheidungsrahmen der räumlichen Präferenzfunktion die Gegebenheiten der den Konsumenten umgebenden zentralörtlichen
Angebotsstruktur einzubringen[1]. Dazu muß beim Konsumenten das Vorhandensein von Informationen über die
horizontale und vertikale Ausprägung der zentralörtlichen Angebotsstruktur vorausgesetzt werden.

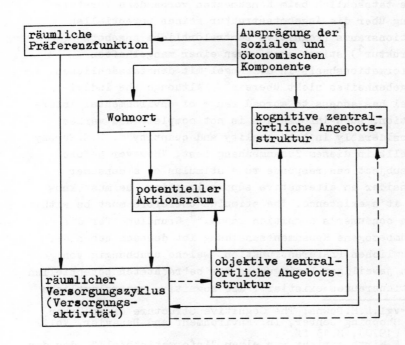

Abb.16 [2]

---

1) vgl. R.Vining: A Description of Certain Spatial
   Aspects of an Economic System, a.a.O., S.194

2) vgl.F.E.Horton and D.R.Reynolds: Effects of Urban
   Spatial Structure on Individual Behavior. In: Economic
   Geography, Vol.47 (1971), S.41

Die Güte der Informationsbasis des Konsumenten ist
abhängig von der Vollständigkeit, Bestimmtheit und
Sicherheit seiner Informationen über die objektive
zentralörtliche Angebotsstruktur. Der räumliche
Versorgungszyklus des Konsumenten kann nur dann
auf der Basis der objektiven zentralörtlichen Angebotsstruktur abgeleitet werden, wenn vollkommene
Information über die Angebotsstruktur vorliegt.

Die tatsächlich beim Konsumenten vorhandene Vorstellung über die Angebotsstruktur seines potentiellen
Aktionsraums (kognitive zentralörtliche Angebotsstruktur[1]) stimmt aber wegen einer mangelhaften
Informationsbasis in der Regel mit den tatsächlichen
Gegebenheiten nicht überein[2]. "Although the individual has access to a broad range of environmental information, such information is not complete and varies
considerably in both quality and quantity"[3]. P.E.Murphy
stellt in diesem Zusammenhang fest: "However before
a subject can response to a stimulus or a consumer
consider an alternative supply location, he must know
of it's existence. The stimulus therefore must be within
the consumer's cognition range."[4] Grundlage für die
raumbezogene Konsumentscheidung ist demnach neben der
räumlichen Präferenzfunktion, welche unabhängig von
den jeweiligen Bedingungen des betrachteten potentiellen
Aktionsraumes existiert, die kognitive zentralörtliche

1) vgl.R.M.Downs: The Cognitive Structure of an Urban
   Shopping Center, In: Environment and Behavior, Vol.2
   (1970), S.13 ff.
2) E.Wirth spricht von einem "Informationsfeld", das den
   potentiellen Aktionsraum des Konsumenten überzieht.
   Dichteunterschiede im Informationsfeld sind begründet
   in der unterschiedlichen Intensität und Quantität der
   Kontakte innerhalb des Aktionsraums. vgl.E.Wirth:
   Zum Problem einer allgemeinen Kulturgeographie, a.a.O.,
   vgl.dazu auch: R.L.Morill: Marriage, Migration / S.182
   and the Mean Information Field: A Study in Uniquenes
   and Generality. In: Annals of the Association of
   American Geographers, Vol.57 (1967), S.407 f.
3) F.E.Horton and D.R.Reynolds: Effects of Urban Spatial
   Structure on Individual Behavior, a.a.O., S.37
4) P.E.Murphy: A Study of the Influence of Attitude...,
   a.a.O., S.9

Angebotsstruktur. Diese tatsächlich beim Konsumenten
vorhandene Vorstellung über die Versorgungsstruktur
ist durch Aufnahme neuer Informationen im Zeitablauf
Veränderungen unterworfen[1].

4.2 Die räumliche Versorgungsentscheidung bei vollkommener Information über die zentralörtliche Angebotsstruktur

Vollkommene Information (sichere und vollständige Information) über die Versorgungsstruktur bedeutet,
der Konsument hat genaue Kenntnis

(1) über die Entfernung zwischen Wohnort und alternativen Versorgungsmöglichkeiten im ihn umgebenden
    Raum (in seinem potentiellen Aktionsraum) und

(2) über das Versorgungsangebot der örtlichen Alternativen (d.h. er kennt die Versorgungsniveaus der
    ihn umgebenden Orte)

Nach Eingabe dieser Strukturinformationen in die
räumliche Präferenzfunktion läßt sich die den gegebenen
räumlichen Präferenzen und der gegebenen zentralörtlichen Angebotsstruktur entsprechende räumliche Versorgungsentscheidung ableiten:

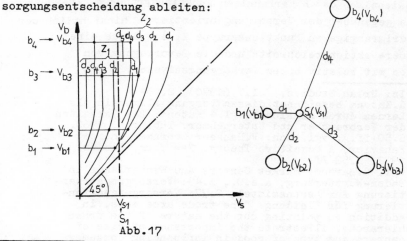

Abb.17

---

1) Die Versorgungsaktivität ist mit einem "counterflow
   of information" verbunden, was den Abstand zwischen
   kognitiver und objektiver zentralörtlicher Angebotsstruktur verkürzt (Rückkoppelungseffekt). Vgl.E.S.
   Dunn jr.: A Flow Network Image of Urban Structures.

In der Präferenzfunktion in Abb.17 sind die Indifferenzkurvenbündel nur zweier Funktionsgruppen (Z_1, Z_2) wiedergegeben, um in einer Art "Zwei-Güter-Modell" in
graphisch übersichtlicher Weise die wesentlichen Impli-
kationen der räumlichen Versorgungsentscheidung des
Konsumenten darzustellen. Die in Abb.17 gegebene räumliche Entscheidungssituation ist eindeutig. Bezüglich
der Funktionsgruppe Z_1 besteht eine eindeutige Präferenz
für den Wohnort des Konsumenten. Seine räumliche Präferenzfunktion stellt alle übrigen örtlichen Versorgungsalternativen ungünstiger. Die nächstgünstige Versorgungsalternative wäre der am nächsten gelegene Ort b_1.
Anders für Funktionsgruppe Z_2: hier bedeutet Ort b_3
die eindeutig günstigste Alternative. Ort b_4 ist trotz
größerem Versorgungsniveau nicht die optimale örtliche
Versorgungsalternative, da in der hier gegebenen Präferenzfunktion der Christaller'sche Bereich knapp
oberhalb von V_{b3} beginnt; dies bedeutet, daß eine
geringfügig über d_3 hinausgehende Distanz nicht durch
ein beliebig großes zusätzliches örtliches Versorgungsangebot ausgeglichen werden kann.

Die räumliche Versorgungsorientierung des Konsumenten
hinsichtlich der höherrangigen Funktionsgruppe Z_2 zeichnet
sich gegenüber der Versorgungsorientierung hinsichtlich der
niedrigrangigeren Funktionsgruppe Z_1 aus durch eine
größere Aktionsreichweite und die Bevorzugung von
Orten mit relativ hohem Versorgungsniveau[1].

...In: Urban Studies, Vol.7 (1970), S.254
   G.Katona bezeichnet diesen Vorgang allgemein als
   Lernen durch Einsicht. Vgl.G.Katona: Das Verhalten
   der Verbraucher und Unternehmer, Tübingen, 1960,
   S.50 ff. ; vgl.auch: F.Hansen: Consumer Choice
   Behavior, A Cognitive Theory, New York, London,
   1972, S.52 ff.
1) vgl. G.Barnum: Market Centers and Hinterlands in
   Baden-Württemberg, a.a.O., S.49: Versorgungsorientierung für Lebensmittel; S.77: Versorgungsorientierung für Kleidung: "The trade area maps, in
   addition to pointing out the nature of the urban
   hierarchy, illustrate the importance of size of
   centers and type of good in influencing consumer
   travel." Ebenda, S.83

4.3 Die räumliche Versorgungsentscheidung bei
    unvollkommener Information über die zentral-
    örtliche Angebotsstruktur

In der Realität ist die Annahme vollkommener Information über die zentralörtliche Angebotsstruktur
kaum anzutreffen; vielmehr besitzt der Konsument in
den weitaus meisten Fällen weder sichere noch vollständige Informationen über das örtliche Versorgungsangebot im ihn umgebenden Raum.

Je höher der Grad der Unvollkommenheit der Information, desto größer ist die Wahrscheinlichkeit,
daß die subjektiven Vorstellungen des einzelnen
Konsumenten über die zentralörtliche Angebotsstruktur von den tatsächlichen Gegebenheiten abweichen.
Derartige Abweichungen sind sowohl bzgl. der Schätzung der Entfernung zwischen Wohnstandort und den
verschiedenen örtlichen Versorgungsalternativen
als auch bzgl. der Schätzung der dort anzutreffenden
Versorgungsniveaus zu erwarten. Die Informationen
des Konsumenten über die räumlichen Distanzen sind
jedoch in der Regel vollständiger und von größerer
Sicherheit als Informationen über das örtliche Versorgungsangebot. Sie sind auch mit geringerem Aufwand zu beschaffen.

Der Informationsgrad hinsichtlich der Versorgungsniveaus
der verschiedenen zentralen Orte in der Umgebung
des Konsumentenstandortes ist abhängig davon:
(1) inwieweit der einzelne zentrale Ort gegen-
    wärtig oder in der Vergangenheit im räumlichen
    Versorgungszyklus des Konsumenten eine Rolle
    spielt/gespielt hat,
(2) inwieweit der einzelne zentrale Ort in Gegen-
    wart und Vergangenheit Teil anderer räumlicher
    Aktivitätenzyklen ist/war und

(3) wie stark die Aufnahme indirekter Informationen
ist/war (Zeitungsanonncen, Empfehlungen, etc.)[1].

Die räumlichen Versorgungsentscheidung kann somit immer
nur im Rahmen der vorhandenen Informationsbasis opti-
miert werden. D.h. es wird ein subjektives räumliches
Strukturraster (die kognitive zentralörtliche Angebotsstruktur in einem bestimmten Aktionsraum), das von
dem tatsächlichen mehr oder weniger stark abweicht,
in die Präferenzfunktion eingegeben und danach ein
relatives Optimum abgeleitet[2]. Die Informationsbasis
für räumliche Versorgungsentscheidungen wird durch
Lern- und Suchprozesse, die die räumliche Versorgungsaktivität des Konsumenten begleiten, im Zeitablauf
verändert[3].

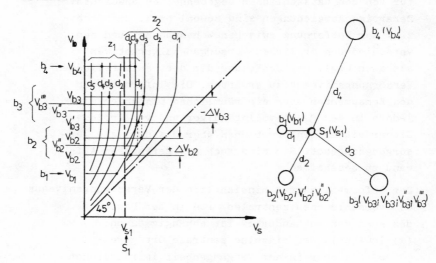

Abb.18

1) Über die Grenzen der Aufnahmekapazität für Informationen vgl.R.L.Meier: A Communication Theory of
   Urban Growth, 2.Aufl., New York, 1965, S.124 ff.
2) vgl. P.F.Murphy: A Study of the Influence of Attitude
   ...a.a.O., S.97
3) vgl. R.G.Golledge and L.A.Brown: Search, Learning and
   the Market Decision Process. In: Geografiska Annaler
   Vol.49 B (1967), S.116 ff.

Das tatsächliche Versorgungsniveau der zentralen
Orte b_2 und b_3 betrage (wie in Abb.17) V_{b2} und V_{b3}.
Davon abweichend schätzt der Konsument, wohnhaft in
S_1, das Versorgungsniveau von b_3 um $- \triangle V_{b3}$ zu gering
($\longrightarrow V'_{b3}$) und das Versorgungsniveau von b_2 um $\triangle V_{b2}$
zu hoch ein ($\longrightarrow V'_{b2}$). Die den tatsächlichen Bedingungen entsprechende optimale räumliche Konsumentscheidung bzgl. der Funktionsgruppe Z_2 müßte auf
den zentralen Ort b_3 fallen, da ein Kauf in diesem
Ort den größten Nutzen gestiftet[1]. Die Entscheidung fällt jedoch wegen unvollkommener Information auf den Ort b_2.

Gelingt es durch zusätzliche Information, die subjektive
Einschätzung des Versorgungsangebots in b_3 von V_{b3}'
auf V_{b3}'' zu verschieben oder die subjektive Einschätzung des Versorgungsangebots in b_2 von V_{b2}'
auf V_{b2}'' zu korrigieren, dann befände sich der Konsument in S_1 gegenüber den Orten b_2 und b_3 in einer
indifferenten Wahlsituation. Eine weitere Korrektur
in der Einschätzung des Versorgungsniveaus von b_3
($\longrightarrow V_{b3}''$') bringt schließlich diesen Versorgungsort in eine Vorrangstellung gegenüber b_2; d.h. trotz
nach wie vor nicht vollkommener Information wird die
objektiv bestmögliche örtliche Versorgungsalternative
gewählt.

4.4 Die Verteilung der zentralörtlichen Nachfrage bei horizontaler und vertikaler Koppelung

Es ist für den Konsumenten vorteilhaft, die Deckung
seines Bedarfs an Gütern derselben Funktionsgruppe
zeitlich und räumlich zu überlagern, um durch die
Verbindung von vielen Einzelaktivitäten den Wegeauf-
wand möglichst klein zu halten. Eine solche Handlung
ist als "horizontale Koppelung" definiert[2].

---

1) vgl. Abschnitt 3.4.2
2) vgl. D.Bökemann; Das innerstädtische Zentralitätsgefüge...a.a.O., S.79

Ist beim Erwerb von Gütern ungleichrangiger Funktionsgruppen eine zeitliche und räumliche Überlagerung zu
beobachten, spricht man von einer "vertikalen Koppelung"[2];
d.h. es erfolgt eine gleichzeitige, zusammenfassende
Bedarfsdeckung von zentralen Gütern ungleichrangiger
Funktionsgruppen an einem Ort. Die Summe des Wegeauf-
wands einer Periode läßt sich bei Ausschöpfung der vertikalen Koppelungsmöglichkeiten erheblich senken.
Werden die Vorteile der vertikalen Koppelung von
den Konsumenten wahrgenommen, so werden mit dem Erwerb
eines Gutes, das einer höheren Funktionsgruppe angehört, gleichzeitig am selben Ort ebenfalls alle niedrigrangigeren Güter nachgefragt, nach denen zu diesem
Zeitpunkt ein Bedarf besteht. Orte mit einem hohen
Versorgungsniveau ziehen folglich bei vertikaler
Koppelung eine zusätzliche Nachfrage auf sich, welche
ohne vertikale Koppelung evtl. in Zentren mit einem
niedrigeren Versorgungsniveau befriedigt worden wären.

Das für den Konsum von Gütern der Funktionsgruppen
Z_1 und Z_2 verfügbare Einkommen einer Periode (z.B.
ein Monat) verteile sich folgendermaßen auf die einzelnen Funktionsgruppen:

$$Y = a_1 Y + a_2 Y$$

$$a_1 = \frac{1}{Y} \sum_{j=1}^{n} p_{1j} \cdot x_{1j}$$

$$a_2 = \frac{1}{Y} \sum_{j=1}^{n} p_{2j} \cdot x_{2j}$$

p_{1j} = Preis des Gutes j der Funktions-gruppe Z_1

p_{2j} = Preis des Gutes j der Funktions-gruppe Z_2

x_{1j} = Nachfragemenge des Gutes j der Funktionsgruppe Z_1

x_{2j} = Nachfragemenge des Gutes j der Funktionsgruppe Z_2

---

2) vgl.D.Bökemann, Das innerstädtische Zentralitätsgefüge
   ..., a.a.O., S.40

Die mittleren periodische Nachfragefrequenz[1] für
Güter der Funktionsgruppe Z_1 sei ν_1 für Z_2: ν_2 [2].
Die Höhe der mittleren periodischen Nachfragefrequenz
für Güter einer Funktionsgruppe steht in engem Zusammenhang mit der mittleren periodischen Bedarfshäufigkeit (oder Verbrauchshäufigkeit)[3] der Funktionsgruppe.
Die Differenz zwischen den beiden Größen ist abhängig
vom Umfang der Vorratshaltung, die ein Konsument
für Güter der betreffenden Funktionsgruppe betreibt.

Das Maß der _horizontalen Koppelung_ τ_z in der
Funktionsgruppe Z_1 betrage τ_1 , in der Funktionsgruppe Z_2: τ_2 . τ_z kann Werte zwischen 1 und $\frac{1}{n_z}$
annehmen:

$$\frac{1}{n_z} \leq \tau_z \leq 1$$

n_z = Zahl der Güter in
einer Funktions-
gruppe

---

1) periodische Nachfragefrequenz: Zahl der Einkäufe
   für ein Gut pro Periode
2) vgl. D.W.Harvey: Pattern, Process and the Scale
   Problem in Geographical Research. In: Institute
   of British Geographers, Transactions Vol.45
   (1968), S.76
   vgl. auch: P.Sedlack: Zum Problem intraurbaner
   Zentralorte, dargestellt am Beispiel der Stadt
   Münster. In: Westfälische Geographische Studien,
   Münster, 1973, S.72
   Die von Sedlacek ermittelten "Frequentierungskoeffi-
   zienten" betragen für:
   Nahrungs- und Genußmittel: 219,45/Jahr
   Textilwaren verschiedener Art: 11,77/Jahr
3) periodische Bedarfshäufigkeit = periodische Verbrauchshäufigkeit: Stückzahl des verbrauchten Gutes
   in einer Periode.

Die Nachfrage, die pro Einkauf auf die Funktionsgruppen Z entfällt, beträgt für Z_1:

$$\tau_1 \cdot \frac{a_1}{\nu_1} \cdot Y$$

Ist $\tau_1 = 1$, so liegt eine vollkommene gleichteilige horizontale Koppelung vor; in diesem Fall werden pro Periode an ν_1-Zeitpunkten alle Güter der betreffenden Funktionsgruppe gemeinsam eingekauft. Bei $\tau_1 = \frac{1}{n_1}$ ist keine horizontale Koppelung vorhanden; jedes Gut[1] der Funktionsgruppe Z_1 wird zu verschiedenen Zeitpunkten einzeln nachgefragt. Wird neben der horizontalen eine regelmäßige vertikale Koppelung angenommen,[2] so ergibt sich für die Verteilung der Nachfrage bzgl. der Funktionsgruppen Z_1 und Z_2 auf die Orte b_3 bzw. S_1 (nach Abb. 17):

$$Y = \frac{\nu_2}{\tau_2}\left(\tau_2 \frac{a_2}{\nu_2} + \tau_1 \cdot \frac{a_1}{\nu_1}\right)Y + \left(\frac{\nu_1}{\tau_1} - \frac{\nu_2}{\tau_2}\right)\left(\tau_1 \cdot \frac{a_1}{\nu_1}\right)Y$$

$$r_1 = \frac{\nu_1}{\tau_1} \; ; \; r_2 = \frac{\nu_2}{\tau_2}: \text{ Zahl der Einkäufe,}$$

die auf die Funktionsgruppe Z_1 bzw. Z_2 insgesamt pro Periode entfallen

$$Y = r_2\left(\frac{a_2}{r_2} + \frac{a_1}{r_1}\right)Y + \left(r_1 - r_2\right)Y$$

1) vgl. S. Lange: Wachstumstheorie zentralörtlicher Systeme ..., a.a.O., S. 75 ff.

2) vgl. R.W. Bacon: An Approach to the Theory of Consumer shopping Behavior. In: Urban Studies, Vol. 8 (1971), S. 61

Dies bedeutet, daß ein erheblicher Teil der Nachfrage nach Gütern der Funktionsgruppe Z_1 neben
der gesamten Nachfrage nach Z_2 von Ort b_3 befriedigt
wird und damit für die Nachfrage im Wohnort S entfällt. Die Höhe der periodischen Nachfrage nach Gütern
der Funktionsgruppe Z_1, die in b_3 erfolgt (d.h.
die Höhe der vertikalen Koppelungskäufe[1] $\triangle Y$), ist
abhängig:

- von den periodischen Nachfragefrequenzen der
  beiden Funktionsgruppen Z_1 und Z_2 (v_1 , v_2)
- vom Maß der horizontalen Koppelung (τ_1 , τ_2) und
- vom Einkommensanteil, der auf die Funktionsgruppe Z_1
  entfällt (a_1).

$$\triangle Y = \frac{v_2}{\tau_2}\left(\tau_1 \frac{a_1}{v_1}\right)Y = r_2 \left(\frac{a_1}{r_1}\right)Y$$

4.5   Die Wirkung von Budgetrestriktionen

4.5.1 Die Restriktion des Transportbudgets

Die Annahme erscheint berechtigt, daß ein relativ
gleichbleibender Anteil eines bestimmten verfügbaren
Einkommens einer Periode für Transportzwecke zur
Verfügung steht[2]. Davon wiederum wird ein relativ gleich-

---

1) Kopplungskäufe sind aber nicht Ursache für die Wahl
   eines Versorgungsortes (wie etwa nach den Ausführungen von R.W.Bacon vermutet werden könnte; vgl.R.W.
   Bacon: An Approach to the Theory of Consumer Shopping
   Behavior, a.a.O., S.57 f.) sondern sind die Folge
   der Attraktivität dieses Ortes bzgl. der dort nachgefragten höherrangigen Funktionsgruppen zentraler
   Güter. Vgl.R.A.Day: Consumer Shopping Behavior in
   a Planned Urban Environment. In: Tijdschrift voor
   Economische en Sociale Geografie, 64(1973), S.83
2) Der Anteil der Verkehrsausgaben insgesamt am verfügbaren Einkommen kann allerdings nur für ein bestimmtes Einkommen als im Zeitablauf konstant angenommen
   werden; mit steigendem Einkommen scheint eine Erhöhung des Anteils verbunden zu sein. Vgl.M.Seger:

bleibender Anteil für Versorgungsfahrten bereitgestellt.
Der Anteil der Ausgaben für Versorgungsfahrten am gesamten verfügbaren Einkommen einer Periode sei c.

Damit ist:

$$\sum_{b_n} Tk = c \cdot Y \qquad Tk = q \cdot d_b$$

$$\sum_{b=b_1}^{b_n} Tk = q \cdot \sum f_b \cdot d_b$$

$$\sum_{b=b_1}^{b_n} f_b \cdot d_b = D$$

$$c \cdot Y = q \cdot D$$

$$D = \frac{c \cdot Y}{q}$$

Tk = Transportkosten
für Versorgungs-
fahrten

q = Transportkosten-
koeffiz.

q = konst.

f_b = Zahl der Fahrten
zum Bestimmungs-
ort b

d_b = Entfernung zw.
Wohnort u. Bestim-
mungsort b

Bei gegebenen Transportkostenkoeffizienten (q) und gegebenen Transportbudget (c · y) ist auch die Summe der
Wege (der Entfernungen) (D) bestimmt, die in der betrachteten Periode zurückgelegt werden können. D ist
bei Konstanz des Transportkostenkoeffizienten (q)
und des Budgetkoeffizienten (c) eine vom verfügbaren
Einkommen abhängige Größe[1]. Das Transportbudget wirkt
sich auf die räumliche Versorgungsentscheidung nur dann
aus, wenn die aus der optimalen räumlichen Versorgungsentscheidung resultierende Wegesumme ($D_{notw.}$)
größer ist als die infolge der Budgetrestriktion mögliche Wegesumme ($D_{mögl.}$).

...Sozialgeographische Untersuchungen im Vorfeld von
Wien. In: Mitteilungen der österreichischen Geo-
graphischen Gesellschaft, Bd.14 (1972) S.307. vgl.
J.H.Niedercorn and B.V.Bechdolt, jr.: An Economic
Derivation of the "Gravity Law" of Spatial Interaction.
In: Journal of Regional Science, Vol.9, No.2 (1969),
S.276 f.
1) vgl. B.P.Holly and J.O.Wheeler: Patterns of Retail
Location and the Shopping Trips of Low-Income-
Households. In: Urban Studies, Vol.9 (1972), S.219

Für den Fall, daß $D_{notw.} > D_{mögl.}$, muß ein veränderter räumlicher Versorgungszyklus gefunden werden, der
an eine kleinere Wegesumme gebunden ist; d.h. einer
oder mehrere nähergelegene Orte müssen an Stelle der
bisherigen aufgesucht werden. Dies ist aber in jedem
Fall mit einem Nutzenentgang verbunden, da ein näher-
gelegener Ort, würde er bislang nicht für einen Ver-
sorgungszweck gewählt, immer ein geringeres Versorgungsniveau besitzt als die alte Versorgungsalternative.
Um die Nachteile, die daraus für den Konsumenten erwachsen, möglichst klein zu halten, wird eine Veränderung in den Versorgungsbeziehungen zu den Orten vorgenommen, an denen der damit verbundene Nutzenentgang
möglichst klein ist.

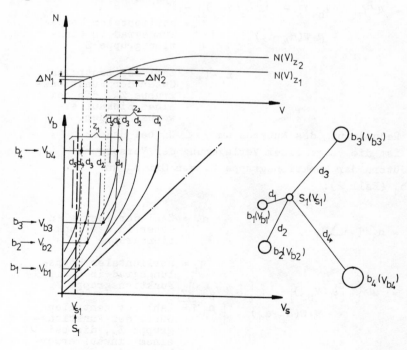

Abb.19

Nach Abb.19 erfolgt die optimale Versorgung mit
Gütern der Funktionsgruppe Z_1 in Ort b_2 und mit Gütern der Funktionsgruppe Z_2 in Ort b_4. Werden aufgrund
eines begrenzten Transportbudgets die Güter der
Funktionsgruppe Z_2 nicht länger in b_4 sondern in b_3
nachgefragt, so ergibt sich bei jeder Versorgungsfahrt
nach b_3 eine Nutzenminderung in Höhe von $\triangle N_2$
(Fall 1).

$$\triangle N_2 = n_2 \cdot \tau_2 \cdot \triangle N_2'$$

$$\triangle N_2' = \mu \left\{ \varphi_2 \left[\delta_2 (v_{b4}) \right] - \varphi_2 \left[\delta_2 (v_{b3}) \right] \right\} - \bar{g} \cdot \bar{w} (d_4 - d_3)$$

n_2 = Zahl der zentralen Güter in der Funktionsgruppe Z_2

τ_2 = horizontaler Koppelungsgrad in Funktionsgruppe Z_2

$n_2 \cdot \tau_2$ = Zahl der zentralen Güter der Funktionsgruppe Z_2, die bei einem Einkauf erworben werden.

Eine Reduzierung des Nutzens um $\triangle N_1$ bei jedem
Kauf ist die Folge einer Verlagerung der Versorgung
mit Gütern der Funktionsgruppe Z_1 von Ort b_2 auf
Ort b_1 (Fall 2).

$$\triangle N_1 = n_1 \cdot \tau_1 \cdot \triangle N_1'$$

$$\triangle N_1' = \mu \left\{ \varphi_1 \left[\delta_1 (v_{b2}) \right] - \varphi_1 \left[\delta_1 (v_{b1}) \right] \right\} - \bar{g} \cdot \bar{w} (d_2 - d_1)$$

n_1 = Zahl der zentralen Güter in der Funktionsgruppe Z_1

τ_1 = horizontaler Koppelungsgrad in der Funktionsgruppe Z_1

$n_1 \cdot \tau_1$ = Zahl der zentralen Güter der Funktionsgruppe Z_1, die bei einem Einkauf erworben werden.

$\triangle$D sei die Differenz, um die die bisherige Wegesumme
($D_{notw.}$) zu reduzieren ist, um das Transportbudget
nicht zu überschreiten ($\triangle D = D_{notw.} - D_{mögl.}$)
Um $\triangle$D zu kompensieren, ergibt sich der gesamte Nutzenentgang einer Periode im Fall 1 als:

$$\triangle N_{ges}^{(1)} = \frac{\triangle D}{\triangle d_2} \cdot \triangle N_2$$

$$= f_2 \cdot \triangle N_2$$

$$f_2 = \frac{\triangle D}{\triangle d_2} \quad ; \quad \triangle d_2 = d_4 - d_3$$

f_2 = Zahl der Versor-
gungsfahrten
zum Versorgungs-
ort b_3

Der gesamte Nutzenentgang in einer Periode im Fall 2
ist:

$$\triangle N_{ges}^{(2)} = \frac{\triangle D}{\triangle d_1} \cdot \triangle N_1$$

$$= f_1 \cdot \triangle N_1$$

$$f_1 = \frac{\triangle D}{\triangle d_1} \quad ; \quad \triangle d_1 = d_2 - d_1$$

f_1 = Zahl der Versor-
gungsfahrten
zum Versorgungs-
ort b_1

Daraus ergibt sich:

(1) Wenn: $\frac{\triangle D}{\triangle d_2} \cdot \triangle N_2 < \frac{\triangle D}{\triangle d_1} \cdot \triangle N_1$ so haben f_2 Versorgungsfahrten anstelle von Ort b_4 Ort b_3 zum
Ziel.

(2) Bei $\frac{\triangle D}{\triangle d_2} \cdot \triangle N_2 > \frac{\triangle D}{\triangle d_1} \cdot \triangle N_1$ wird die Versorgung
mit Gütern der Funktionsgruppe Z_2 neben den
Koppelungskäufen von Gütern der Funktionsgruppe
Z_1 in Ort b_4 beibehalten. Der restliche Bedarf in
der Funktionsgruppe Z_1, der bislang in b_2 nachgefragt wurde, wird jetzt zu einem Teil (bei f_1
Versorgungsfahrten) in Ort b_1 erworben.

Die Verlagerung der gesamten in einem Ort getätigten
Nachfrage einer Periode erfolgt von diesem Ort auf
einen anderen nur dann, wenn gilt:

$$r_2 \leq \frac{\triangle D}{\triangle d_2} \qquad \text{(für (1))}$$

$$r_1 - r_2 \leq \frac{\triangle D}{\triangle d_1} \qquad \text{(für (2))}$$

$$r_1 \, , \, r_2 : \text{Zahl der Einkäufe, die auf}$$
die Funktionsgruppe Z_1
bzw. Z_2 pro Periode
entfallen

Solange aber $r_2 > \frac{\triangle D}{\triangle d_2}$ oder $r_1 - r_2 > \frac{\triangle D}{\triangle d_1}$
wird nur ein Teil der Versorgungsfahrten örtlich ver-
lagert, nämlich gerade soviel, wie zur Kompensation
von $\triangle D$ erforderlich sind; alle restlichen Versorgungsfahrten (z.B. $r_2 - \frac{\triangle D}{\triangle d_2}$ für (1)) haben den
vorteilhaften Versorgungsort zum Ziel.

4.2.4 Die Restriktion des Zeitbudgets

Wie die Mittel zur Distanzüberwindung, so ist auch die
für Versorgungszwecke in einer Periode insgesamt zur
Verfügung stehende Zeit nicht unbegrenzt. Es kann
vielmehr angenommen werden, daß ein im Durchschnitt
relativ konstantes periodisches Zeitbudget für den
hier interessierenden Zweck der Versorgung vorhanden
ist. Die für Versorgungszwecke verfügbare Zeit bean-
sprucht einen Teil der insgesamt verfügbaren Freizeit.
Das für Versorgungszwecke verfügbare Zeitbudget (T_B)
kann in zwei Abschnitte geteilt werden:

(1) die interne Shopping-Zeit (T_s) (Zeit, die pro
   Periode für Versorgungsgänge innerhalb des Versorgungsortes benötigt wird) und

(2) die Transportzeit (T_{tr}) (Zeit, welche insgesamt
in einer Periode benötigt wird, um den Raum zwischen Wohnort und den gewählten Versorgungsorten
zu überbrücken).

Für den Konsumenten kommt es darauf an, die ihm in einer
Periode zur Verfügung stehende Gesamtversorgungszeit
so auf beide Teile aufzuteilen, daß ein größtmöglicher
Nutzen zu erwarten ist.

Die benötigte Transportzeit beträgt bei Wahrnehmung
der optimalen räumlichen Versorgungsalternativen:

$$T_{tr(notw.)} = \frac{\sum_{b=b_1}^{b_n} f_b \cdot d_b}{v} = \frac{D}{v}$$

Die benötigte gesamte interne Shopping-Zeit einer
Periode beträgt bei Ausnutzung der gewinnbringenden
Informationsmöglichkeiten in den optimalen Versorgungs-
orten (nach Abb.19):

$$T_{s(notw.)} = \left[r_2(\delta_2 \cdot V_{b4} + I_{1(max)}) + (r_1 - r_2)(\delta_1 \cdot V_{b2}) \right] \cdot t_i$$

r_1 , r_2 = Zahl der Einkäufe, die auf die Funktionsgruppe Z_1 bzw. Z_2 pro Periode
entfallen

$r_1 - r_2$ = Zahl der Einkäufe der Güter der
Funktionsgruppe Z_1, die bei vertikaler Koppelung noch im Versorgungsort b_2 getätigt werden.

$\delta_2 \cdot V_{b4}$ = im Versorgungsort b_4 mögliche Zahl von
Informationshandlungen bzgl. der
Funktionsgruppe Z_2

= Zahl der zentralen Einrichtungen
in b_4, die Güter der Funktionsgruppe
Z_2 anbieten.

$\delta_1 \cdot V_{b2}$ = im Versorgungsort b_2 mögliche Zahl
von Informationsschritten bzgl.der
Funktionsgruppe Z_1

= Zahl der zentralen Einrichtungen
in b_2, die Güter der Funktionsgruppe
Z_1 anbieten.

$I_{1(max)}$ = gewinnmaximale Zahl von Informationsschritten für Güter der Funktionsgruppe Z_1 im Versorgungsort b_4 (Koppelungskäufe = vertikale Koppelung)

t_i = durchschnittliche Zeit pro Informationsschritt = konstant

Ist $T_{tr(notw)} + T_{s(notw.)} < T_B$ so erfolgt keine Veränderung der optimalen räumlichen Versorgungsbeziehungen; das vorhandene Zeitbudget ist in diesem Fall groß genug, um der notwendigen Transportzeit und der notwendigen internen Shopping-Zeit zu genügen.

Wenn aber $T_{tr(notw)} + T_{s(notw)} > T_B$, dann muß der zeitliche Überschuß durch eine Reduzierung der Transportzeit und/oder durch eine Reduzierung der internen Shopping-Zeit abgebaut werden. Die periodische Transportzeit ($T_{tr(notw.)}$) ist abhängig von der Wegesumme (D) und der durchschnittlichen Geschwindigkeit bei Versorgungsfahrten (v). Wird v als gegeben und für alle Wegstrecken als konstant angenommen, muß, um eine Verringerung der Transportzeit um $\triangle T_{tr}$ zu erreichen, die Wegesumme der Versorgungsaktivität einer Periode (D) um $\triangle D = \triangle T_{tr} \cdot v$ reduziert werden. Damit gelten aber alle Ableitungen über die restriktive Wirkung des Transportkostenbudgets auf das räumliche Versorgungsverhalten des Konsumenten für eine Verringerung der Transportzeit gleichermaßen.

Um eine Verringerung der internen Shopping-Zeit zu erreichen, ist - ceteris paribus - die Zahl der Informationsschritte, die in einem Ort beim Erwerb von Gütern der beiden Funktionsgruppen getätigt werden, zu beschränken. Dies bedeutet aber für den Konsumenten einen Nutzenentgang, da nicht alle gewinnversprechen-

den Informationsmöglichkeiten des Versorgungsortes
wahrgenommen werden. Die Transportzeit, die bei
einem Einkauf in Ort b_3 gegenüber einem Einkauf
in b_4 (vgl.Abb. 19) eingespart wird, kann solange
durch eine Reduzierung der Informationsaktivität
(in b_4) ersetzt werden, wie der Nutzenentgang infolge
der geringeren Informationstätigkeit kleiner ist
als der Nutzenentgang beim Einkauf in dem schlechter
mit Versorgungseinrichtungen ausgestatteten Ort b_3.
Die optimale räumliche Versorgungsentscheidung unter
Beachtung der restriktiven Wirkung des Zeitbudgets
kann daher zu der Situation führen, daß Versorgungsorte mit einem relativ hohen Versorgungsniveau aufgesucht werden, deren gewinnversprechende Informationspotentiale aber nicht voll genutzt werden.

5. Die Entwicklung des raumbezogenen Versorgungsverhaltens des Konsumenten

5.1 Exogene Faktoren der räumlichen Präferenzfunktion

Für die Ableitung der räumlichen Präferenzfunktion
waren folgende Zusammenhänge von entscheidender Bedeutung:

(1) Der Nutzen eines bestimmten örtlichen Versorgungs-
    niveaus für die Versorgung mit Gütern einer Funk-
    tionsgruppe ist abhängig vom möglichen Informations-
    gewinn nach Wahrnehmung des Informationspotentials,
    das der betreffende zentrale Ort bietet.

(2) Der Gewinn der Informationstätigkeit bei der Ver-
    sorgung mit Gütern einer bestimmten Funktionsgruppe
    ist abhängig von:
    a) dem Aufwand pro Informationshandlung ,
       (innerer Raumwiderstand)
    b) der güterwertmäßigen Zusammensetzung der
       Funktionsgruppe .

(3) Der Transportkoeffizient
    (äußerer Raumwiderstand) gilt im gesamten betrachte-
    ten Raum als konstant.

Nach (2(b)) gilt die jeweilige räumliche Präferenzfun-
tion nur für einen bestimmten Warenkorb ,
da von einem bestimmten qualitativen Niveau der in
einer Periode nachgefragten und verschiedenen Funktionsgruppen angehörenden Gütern ausgegangen werden
muß. In der Konsumtheorie wird die Zusammensetzung
des periodischen Warenkorbs nach Qualität und Quantität
v.a. (neben Alter, Familienverhältnisse, soziale Zugehö-
rigkeit etc.) in Abhängigkeit vom Einkommen gesehen[1].

---

1) vgl. P.Meyer-Dohm: Sozialökonomische Aspekte der
   Konsumfreiheit...a.a.O., S.166 f.; vgl.auch G.Fürst:
   Zur Aussagekraft von Preisindexziffern der Lebens-
   haltung. In: E.und M.Streissler (Hrg.): Konsum und

Die bestimmenden unabhängigen Faktoren der räumlichen
Präferenzfunktion sind demnach:
- das Einkommen,
- der Aufwand pro Informationshandlung ,
  (innerer Raumwiderstand)
- der Transportkoeffizient (äußerer Raumwiderstand) .

Aus der Vielzahl von Konsumentenmerkmalen wie Wohndauer
am Ort, geographische Herkunft, Alter, Ausbildung etc.
wird somit nur ein Merkmal, nämlich das verfügbare
Einkommen herausgegriffen, welches als ein unabhängiger
Faktor der weiteren Analyse zugrunde liegt.

Die Betonung des Einkommens als eines wesentlichen Faktors
des räumlichen Versorgungsverhaltens des Konsumenten
wird durch vorliegende Untersuchungen auf empirisch-
statistischer Grundlage gestützt. So stellen U.Müller
und J.Neidhardt fest, daß der Zusammenhang zwischen
sozialem Status (Einkommen und Ausbildung) und der
Versorgungsort-Orientierung auch dann noch deutlich
sichtbar bleibt, wenn der statistische Zusammenhang des
sozialen Status mit den anderen Merkmalen (Alter,
Wohndauer, etc.) ausgeschaltet ist. Die Ergebnisse der
partiellen Korrelationsanalyse ändern sich auch dann
nicht wesentlich, wenn statt des sozialen Status nur
das Einkommen als Variable eingesetzt wird[1].

... Nachfrage, Köln und Berlin, 1966, S.398;
vgl. auch: M.Imobersteg: Die Entwicklung des Konsums
mit zunehmendem Wohlstand, Bestimmungsgründe und
Auswirkungen, Zürich und St.Gallen, 1967, S.99 ff.

1) vgl. U.Müller und J.Neidhardt: Einkaufsorientierung
als Kriterium..., a.a.O., S.88 f.

5.2   Das Versorgungsverhalten bei Variation
       der räumlichen Präferenzfunktion

5.2.1 Variation der räumlichen Präferenzfunktion

5.2.1.1 Nach einer Einkommensänderung

In der Konsumtheorie besteht weitgehend Einigkeit
darüber, daß das verfügbare Einkommen die Schlüssel-
größe für die Art und den Umfang des privaten Konsums
bildet. Es kann im Rahmen dieser Arbeit nicht auf Ein-
zelheiten der Verbrauchsforschung eingegangen werden,
die diese Zusammenhänge erhellen. Die Erkenntnisse,
welche für die folgenden Ableitungen wichtig sind,
werden aus der Konsumtheorie übernommen.

Die Art des Konsums einer Periode wird erfaßt
vom sogenannten Warenkorb des Verbrauchers.
In ihm finden sich verschiedene Warenarten oder V_{er}-
brauchskategorien, die zur Befriedigung der Bedürfnisse
des Verbrauchers bestimmt sind. Das verfügbare Einkommen bestimmt die Grenzen, innerhalb derer die Bedürfnisse befriedigt werden können[1].

Bereits Engel und Schwabe entdeckten, daß bei steigendem Einkommen die Ausgaben für den Primären Lebensbe-
darf gegenüber den Gütern des gehobenen Bedarfs relativ
sinken[2]. Weiterhin ist mit zunehmendem Einkommen die
Tendenz einer fortschreitenden Differenzierung und
Spezialisierung des Bedarfs festzustellen. D.h. es
werden zusätzlich neue Güter in den Warenkorb aufge-
nommen; dabei vergrößert sich der Anteil der Güter
höherrangiger Funktionsgruppen auf Kosten des Anteils
der Güter niedrigrangiger Funktionsgruppen.

---

1) Neben dem Einkommen sind als sekundäre beschränkende
   Größen der Kaufmöglichkeit noch das liquide Vermögen
   und erhältliche Kredite zu nennen. Vgl.E.und M.Streiss-
   ler: Grundlagen der Entscheidungstheorie der Nachfrage.
   In: E. und M.Streissler (Hrsg.): Konsum und Nachfrage.
   Köln und Berlin, 1966, S.15 f.
2) Zur Erläuterung der Untersuchungen von E.Engel und
   H.Schwabe vgl.S.Klatt: Die Theorie der Engel-Kurven.
   In: Jahrbuch für Sozialwissenschaften, 4/10, (1959),
   S.276 ff.

Nach der Theorie der Engelkurven sind ebenfalls die
Verbrauchshäufigkeiten (= Bedarfshäufigkeiten) mit
wachsendem Einkommen Änderungen unterworfen. Die
Verbrauchshäufigkeiten der nachgefragten Güter nehmen
zu, bis ein Sättigungsniveau erreicht ist. Das Sättigungsniveau tritt bei Gütern unterschiedlicher Funktionsgruppen bei unterschiedlichen Verbrauchshäufigkeiten ein. Die Verbrauchshäufigkeit eines Gutes nimmt
mit dem Rang der Funktionsgruppe, welcher es angehört,
ab. Das Sättigungsniveau der Güter einer Funktionsgruppe
mit geringer Verbrauchshäufigkeit liegt daher entsprechend
niedrig. Nach Erreichen des Sättigungsniveaus beginnt
für einen Teil der Güter eine Phase abnehmender Verbrauchshäufigkeit, die mit einem gänzlichen Ausscheiden
aus dem Warenkorb des Verbrauchers enden kann[1].
Eine Zunahme der Verbrauchshäufigkeit der Güter einer
Funktionsgruppe ist verbunden mit einer entsprechenden
höheren mittleren periodischen Nachfragefrequenz (ν_z)[2].
Diese ist nur dann geringer als die Steigerung der Verbrauchshäufigkeit, wenn eine zunehmende Vorratshaltung
erfolgt. Eine wachsende Vorratshaltung kann v.a. bei
den Gütern des täglichen oder gewöhnlichen Bedarfs
festgestellt werden. Die Zunahme der Verbrauchshäufigkeit von nachgefragten Gütern wird daher für die Funktionsgruppen, welche dieser unteren Versorgungsstufe
angehören, eine relativ geringe Veränderung der periodischen Nachfragefrequenzen bewirken. Anders bei höherrangigen Funktionsgruppen: Die Vorratshaltung ist
hier unbedeutend bzw. nicht vorhanden, d.h. eine höhere
Verbrauchshäufigkeit wirkt sich entsprechend stark auf
die periodischen Nachfragefrequenzen der Güter dieser
Funktionsgruppen aus. Der Anteil der vertikalen Koppelungskäufe bei den Gütern der niedrigerrangigen Funk-

---

1) vgl. S.Klatt: Die Theorie der Engel-Kurven, a.a.O.,
S.289 ff.; vgl. auch S.Lange:
Die Verteilung von Geschäftszentren im Verdichtungs-
raum. Ein Beitrag zur Dynamisierung der Theorie der
zentralen Orte. In: Zentralörtliche Funktionen in Ver-

tionsgruppen an der periodischen Gesamtzahl der Käufe
dieser Güter erhöht sich entsprechend.

Der Geldwert der neu hinzukommenden Güter liegt in der
Regel über dem durchschnittlichen Geldwert der betref-
fenden Funktionsgruppe[1]; da außerdem mit steigendem
Einkommen an die bereits im Warenkorb vorhandenen
Güter höhere Qualitätsanforderungen gestellt werden,
ist insgesamt festzustellen, daß mit zunehmendem
Einkommen die durchschnittlichen Geldwerte in allen
Funktionsgruppen ansteigen, d.h. es findet eine Sub-
stituierung einfacher und billiger Varianten durch
anspruchsvollere und teuere statt[2]. Eine Erhöhung der
Qualitätsansprüche und der durchschnittlichen Geldwerte
ist insbesondere in den Funktionsgruppen zu bemerken,
die der mittleren und höheren Versorgungsstufe angehören.

Die Wirkung eines zunehmenden Einkommens auf die räumliche Präferenzfunktion kann aus der Veränderung der
durchschnittlichen Geldwerte der Güter verschiedener
Funktionsgruppen und dem zunehmenden Spezialisierungsgrad der Güter, v.a. in den höherrangigen Funktionsgruppen,abgeleitet worden. Je größer der Spezialisierungs-

---

...dichtungsräumen. Veröffentlichungen der Akademie für
Raumforschung und Landesplanung, Forschungs- und
Sitzungsberichte, Bd.72, Raum u.Siedlung 1, Hannover
1972, S.14
2) vgl. R.L.Davies: Effects of Consumer Income Differences on Shopping Movement. In: Tijdschrift voor Economische en Sociale Geografie, 60(1969), S.121

1) vgl.S.Klatt: Die Theorie der Engel-Kurven,a.a.O.,S.298f.
2) Die konsumierte Qualität (gemessen durch den durchschnittlichen Preis) variiert in Abhängigkeit vom
Einkommen in größerer Regelmäßigkeit als die Mengen
("Qualitätselastizität"). Vgl.S.Klatt: Die Theorie
der Engel-Kurven, a.a.O., S.299; vgl.auch P.Meyer-
Dohm: Sozialökonomische Aspekte der Konsumfreiheit...,
a.a.O., S.165 ff.

grad eines Gutes,desto höhere Anforderungen an ganz
bestimmte Eigenschaften technischer und ästhetischer
Art werden gestellt. Um das mit den gewünschten Eigenschaften ausgestattete Gut zu finden, erscheint dem
Konsumenten bei spezialisierten Gütern eine umfang-
reichere Informationsaktivität lohnend als bei weniger
spezialisierten (größere Verlustgefahr)[1].

Daneben läßt ein höherer durchschnittlicher Geldwert
der Güter einer Funktionsgruppe den in Geld bewertbaren
möglichen Gesamtertrag der Informationsaktivität bei der
Versorgung mit Gütern dieser Funktionsgruppe ansteigen,
da angenommen werden kann, daß die erwartete absolute Preisdifferenz zwischen dem billigsten und dem teuersten Angebot
mit dem Geldwert eines Gutes zunimmt[2].

Der zunehmende Spezialisierungsgrad und die wachsenden
durchschnittlichen Geldwerte in den einzelnen Funktionsgruppen zentraler Güter führen dazu, daß mit steigendem
Einkommen die Informationgewinnfunktionen in ihren Ver-
läufen steiler werden und die Maxima bei einem höheren
Niveau der Informationstätigkeit liegen.

Die Attraktivitätsfunktion verändert sich entsprechend;
sie wird für alle Funktionsgruppen steiler und verläuft
für die jeweilige Funktionsgruppe bei einem höheren
Versorgungsniveau als bisher abzissenparallel
($N(V)_{z_2} \longrightarrow N(V)'_{z_2}$).
Auf die räumliche Präferenzfunktion übertragen sich
diese Zusammenhänge wie folgt:

(1) die Indifferenzkurvenbündel der verschiedenen rangspezifischen Funktionsgruppen werden in Richtung
der 45°-Linie gestaucht,

(2) der Christaller'sche Bereich wird nach oben
verschoben.

---

1) vgl.Abschnitt 3.2.1.2.2
2) vgl. ebenda

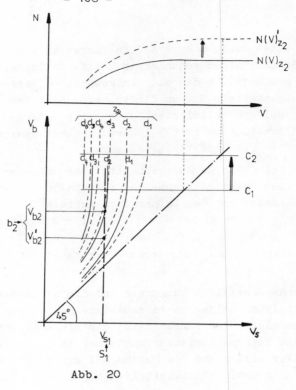

Abb. 20

Unter der <u>Stauchung der räumlichen</u> Präferenzfunktion
ist ein engeres Zusammenrücken der Indifferenzkurven
und die gleichzeitige Verschiebung der Indifferenzkurvenbündel, die jeweils einer Funktionsgruppe zentraler
Güter zuzuordnen sind, in Richtung der 45°-Linie zu verstehen. Die Stauchung der räumlichen Präferenzfunktion
als Folge einer Einkommenserhöhung ergibt sich aus der
nunmehr höheren Wertschätzung der örtlichen Versorgungspotentiale, soweit sie ein Angebot in der jeweiligen Funktionsgruppe enthalten.

In Abb.20 ist die Veränderung der Präferenzfunktion
für die Funktionsgruppe Z_2 wiedergegeben. Die Ableitungen für weitere Funktionsgruppen würden keine
zusätzlichen Erkenntnisse vermitteln.

Nach Abb.20 muß das Versorgungsniveau einer örtlichen
Versorgungsalternative (b_2), die beispielsweise zum
Wohnort des Konsumenten (S_1) eine Distanz von d_2
aufweist, vor der Einkommenserhöhung eine Höhe von
V_{b2} erreichen, um den Konsumenten in S_1 in eine indifferente räumliche Wahlsituation zu versetzen. Nach der
Einkommenserhöhung ist eine Indifferenz bereits bei
einem Versorgungsniveau von $V_{b2}{}'$ gegeben, da das Versorgungsniveau des zentralen Ortes bzgl. der Funktionsgruppe Z_2 aufgrund der neuen Einkommenssituation für
den Konsumenten einen größeren Nutzen als zuvor besitzt;
d.h. die Attraktivität dieses Ortes für die Versorgung
mit Gütern der Funktionsgruppe Z_2 ist gewachsen.

Eine Erhöhung des verfügbaren Einkommens vergrößert die
gewinnmaximale Informationsaktivität für den Kauf eines
Gutes in einem Versorgungsort; d.h. die Anzahl der gewinnbringenden Informationsschritte pro Kauf wird größer.
Damit verschiebt sich aber auch die Grenze, ab der ein
Versorgungsniveau, welches ein bestimmtes Informationspotential für die Versorgung mit Gütern der Funktionsgruppe Z_2 besitzt , keinen zusätzlichen Nutzen für
den Erwerb dieser Güter erbringt. V_2 (in Abb.20) ist
jenes Versorgungsniveau, welches gerade die Zahl
zentraler Einrichtungen aufweist, die der maximalen
Zahl gewinnbringender Informationsschritte nach einer
Einkommenserhöhung entspricht. Der abzissenparallele
Verlauf der Attraktivitätsfunktion beginnt jetzt ab
diesem Versorgungsniveau. Daraus ergibt sich dann direkt
die <u>Verschiebung des Christaller'schen Bereichs</u>
der räumlichen Präferenzfunktion nach oben ($c_1 \longrightarrow c_2$).

5.2.1.2 Nach einer Änderung des inneren Raumwiderstands

Aus Abb.9 und 10 wird im Zusammenhang mit den Ableitungen in Abschnitt 3.2.1.2.2 deutlich, daß eine
Senkung der Informationskosten in der Tendenz die gleichen Wirkungen auf den Verlauf der Informationsgewinn-
Kurve hat, wie eine Erhöhung des möglichen Gesamtertrags
der Informationsaktivität. In beiden Fällen sind
größere Steigungswerte bei der Gewinnfunktion und
eine Verschiebung der gewinnmaximalen Zahl von Informationsschritten festzustellen. Dies bedeutet für die
räumliche Präferenzfunktion, daß sie nach einer Senkung
des inneren Raumwiderstands in einem Versorgungsort wie
nach einer Einkommenserhöhung - ceteris paribus -
eine Stauchung und eine Verschiebung des Christaller'-
schen Bereichs nach oben erfährt. Wird der innere Raumwiderstand größer, so ergeben sich die entgegengesetzten
Effekte: Dehnung der Indifferenzkurvenbündel und Verschiebung des Christaller'schen Bereichs nach unten.

5.2.1.3 Nach einer Änderung des äußeren Raumwiderstands

Der äußere Raumwiderstand kommt im Transportkoeffizienten (w) zum Ausdruck. Wird der Transportkoeffizient
der Distanzfunktion kleiner, so besagt dies, daß der
Nutzenentgang, den die Überbrückung einer gegebenen
Distanz beinhaltet, geringer geworden ist. Das zusätzliche Versorgungsangebot, welches erforderlich ist,
um den Nutzenentgang zu kompensieren, wird folglich,
bei Konstanz der Attraktivitätsfunktion ebenfalls
kleiner.

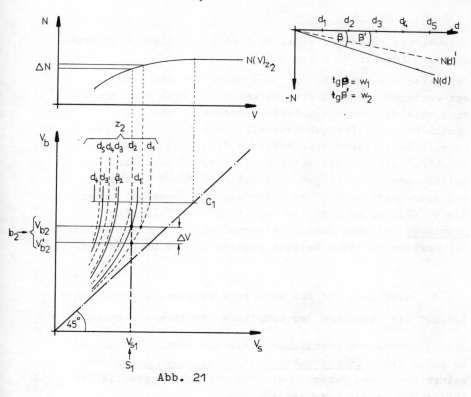

Abb. 21

Das Versorgungsniveau, welches erforderlich ist, um
eine d_1-entfernte örtliche Versorgungsalternative
dem Wohnort S_1 mit dem Versorgungsniveau V_{s1} gerade
gleichzustellen, beträgt vor der Veränderung des
Transportkoeffizienten: V_{b2}. Das nach der Reduzierung
des äußeren Raumwiderstands für eine indifferente
räumliche Wahlsituation noch erforderliche Versorgungsniveau ist: $V_{b2} - \triangle V = V_{b2}'$. Ein d_1-ent-
fernter Versorgungsort b_2 mit dem Versorgungsniveau
V_{b2} besitzt bei einem kleineren Transportkoeffizienten w_2 einen potentiellen Vorteil gegenüber dem Wohnort S_1: der Kauf eines Gutes der Funktionsgruppe Z_2
im Versorgungsort b_2 bedeutet für den in S_1 wohnenden

Konsumenten gegenüber einem Kauf am Wohnort einen zusätzlichen Nutzen in Höhe von $\triangle N$.

Je weiter ein potentieller Versorgungsort vom Wohnort entfernt liegt, desto stärker macht sich die Ver-
minderung des Raumwiderstands bemerkbar. D.h. die
räumlichen Indifferenzkurven mit einem höheren Entfer-
nungsindex erfahren eine stärkere Verschiebung zur
45°-Linie als die mit einem niedrigeren Index. Die
Indifferenzkurven liegen folglich nach einer Senkung
des Raumwiderstands näher beisammen und insgesamt näher
der 45°-Linie. Es ist also auch in diesem Fall eine
Stauchung der räumlichen Präferenzfunktion festzustellen.
Der Christaller'sche Bereich dagegen bleibt unverändert.

5.2.2   Wirkungen auf das räumliche Versorgungsverhalten

5.2.2.1 Die Stauchung der räumlichen Präferenzfunktion

Die Stauchung der räumlichen Präferenzfunktion bedeutet
in jedem Fall eineKontraktion des "relativen Raums" mit
seinen örtlichen Versorgungsalternativen im potentiellen
Aktionsraum eines Konsumenten.

Der Begriff "relativer Raum" umschreibt in diesem Zusammenhang die "Nähe" der im Raum verteilten Versorgungsalternativen im Bewußtsein des Konsumenten[1]. Wenn
sich der äußere Raumwiderstand vermindert, d.h. wenn
weniger Aufwand (Kosten und/oder Zeit) erforderlich ist,
um eine bestimmte räumliche Distanz zu überbrücken,
dann rücken im menschlichen Bewußtsein die im absoluten
Raum unverrückten Zielorte seiner Aktivitäten näher
an das Zentrum des räumlichen Handelns, seinen Wohnort,
heran. Eine gleiche Verschiebung der Zielorte im
relativen Raum näher zum Wohnort ergibt sich, wenn

---

1) vgl. R.Abler, J.S.Adams and P.Gould: Spatial Organization..., a.a.O., S.80

bestimmte Merkmalsausprägungen der Zielorte eine höhere
Bewertung erfahren, so daß ein Besuch dieser Orte
attraktiver, d.h. für bestimmte Zwecke nützlicher
als bisher erscheint. Auf die räumliche Aktivität
der Versorgung bezogen, bedeutet dies, daß eine höhere
Bewertung der Versorgungsniveaus von zentralen Orten
im Bewußtsein des Konsumenten eine Verkürzung der "Ferne"
dieser Orte bewirkt.

Die räumliche Präferenzfunktion stellt alle möglichen
örtlichen Versorgungsalternativen nach ihrer Distanz
zum Wohnstandort und nach ihrem Versorgungsniveau in
eine eindeutige Präferenzordnung. Distanz und Versorgungsniveaus gehen "bewertet" (d.h. relativiert
nach bestimmten Kriterien) in die Präferenzfunktion ein.
Die Bewertung von Distanz und Versorgungsniveau durch
den Konsumenten ist im Zeitablauf Änderungen unterworfen,
die als eine Funktion der exogenen Faktoren Einkommen,
innerer und äußerer Raumwiderstand abgeleitet wurden.
Eine als gegeben angenommene zentralörtliche Angebotsstruktur (gegebene horizontale und vertikale Ausprägung der örtlichen Versorgungsalternativen), die
den Wohnort eines Konsumenten umgibt, erfährt infolge
einer Veränderung der räumlichen Präferenzfunktion
eine neue Bewertung. Über die Veränderung der Bewertung
einer gegebenen zentralörtlichen Angebotsstruktur
als Folge einer Stauchung der Präferenzfunktion lassen
sich folgende Aussagen machen:

(1) Es erfolgt eine Verbesserung der absoluten Position
    aller räumlichen Versorgungsalternativen.
(2) Die relative Position eines Ortes verbessert sich
    mit wachsender Entfernung zum Wohnort und/oder mit
    wachsendem Versorgungsniveau.
(3) Die räumliche Präferenzfunktion erweitert sich um
    zusätzliche Indifferenzkurven mit höheren Distanz-
    indices; d.h. der potentielle Aktionsraum des Kon-
    sumenten erweitert sich.

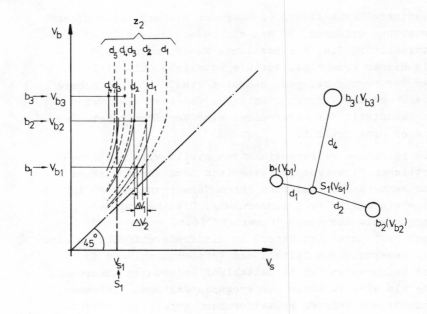

Abb. 22

Die _absolute Position_ eines Ortes gibt Auskunft über
seine Bewertung als räumliche Versorgungsalternative
in Relation zum Wohnort des Konsumenten. Die Verbesserung der absoluten Position kommt in der graphischen
Darstellung (Abb. 22) dadurch zum Ausdruck, daß sich
alle Verknüpfungspunkte zwischen räumlicher Präferenzfunktion und gegebener zentralörtlicher Angebotsstruktur
nach rechts verschieben. Alle Versorgungsalternativen
(b_1-b_3) des Konsumenten in S_1 erfahren nach einer
Stauchung der räumlichen Präferenzfunktion somit eine
Verbesserung ihrer absoluten Position.

Die relative Position eines Ortes bezeichnet seine
Bewertung als räumliche Versorgungsalternative in Relation zu anderen potentiellen Versorgungsalternativen.
Nach einer Stauchung der räumlichen Präferenz -
funktion verbessern sich zwar die absoluten Positionen
aller Versorgungsalternativen, die absoluten Positionen
der einzelnen Orte verändern sich jedoch in Abhängigkeit von ihrem Versorgungsniveau oder ihrer Entfernung
zum Wohnort des Konsumenten unterschiedlich stark.

Nach einer Einkommenserhöhung oder einer Senkung des
inneren Raumwiderstands entwickelt sich die relative
Position von Orten mit einem relativ hohen Versorgungsniveau günstiger als die relative Position von Orten
mit einem kleineren Versorgungsniveau.

Eine Verschiebung der relativen Position zugunsten der
entfernteren Orte beruht auf einer Senkung des Transportkoeffizienten.

Unabhängig davon, ob die Stauchung der räumlichen
Präferenzfunktion durch eine Einkommenserhöhung, eine
Senkung des inneren Raumwiderstands oder eine Senkung
des Transportkoeffizienten bewirkt wurde, ist die zu
erwartende Tendenz einer Umorientierung in den zentralörtlichen Versorgungsbeziehungen in jedem Fall auf
Orte gerichtet, die
(1) ein relativ höheres Versorgungsniveau aufweisen
    als der bisherige Versorgungsort und
(2) die weiter vom Wohnort entfernt liegen.

Abb.22 macht diesen Zusammenhang deutlich: Das Versorgungsniveau des jetzt günstigsten Versorgungsortes b_2
ist höher als das Versorgungsniveau des zuvor vorteilhaftesten Ortes b_1 ($V_{b2} > V_{b1}$), und die Aktionsreichweite des Konsumenten bzgl. der Funktionsgruppe Z_2
hat sich vergrößert ($d_1 \rightarrow d_2$).

Zum gleichen Ergebnis (bzgl. des exogenen Faktors Einkommen) kommen U.Müller und J.Neidhardt, die in ihrer Untersuchung feststellen, daß "die unteren Einkommens- und Statusgruppen in der Regel relativ nahe gelegene Einkaufseinrichtungen in Anspruch nehmen, die höheren Status- und Einkommensgruppen relativ weiter entferntere."[1] Dabei liegen die weiter entfernteren Einrichtungen in relativ besser ausgestatteten Versorgungsorten[2].

5.2.2.2 Die Verschiebung des Christaller'schen Bereichs

Der Christaller'sche Bereich beginnt bei dem Versorgungsniveau, von dem ab der Grenznutzen eines höheren Versorgungsangebots in einem Ort gleich Null ist; d.h. einem darüber hinausgehenden Versorgungs- bzw. Informationspotential wird kein zusätzlicher Nutzen mehr beigemessen, da die noch zu erwartenden Erträge der Informationssuche im Verhältnis zu den zusätzlichen Informationskosten für weitere Informationsschritte keinen zusätzlichen Gewinn mehr versprechen,

Eine Verschiebung des Christaller'schen Bereichs nach oben bedeutet, daß der Konsument nunmehr ein

---

1) U.Müller und J.Neidhardt: Einkaufsorientierung als Kriterien..., a.a.O., S.93
2) Zu diesem Ergebnis kommt auch R.L.Davies, der innerstädtisches Konsumverhalten in Leeds (England) untersucht. In seiner Studie versucht er durch eine gezielte Auswahl des statistischen Materials den Effekt eines unterschiedlichen Einkommens auf das räumliche Versorgungsverhalten des Verbrauchers möglichst frei von Nebeneffekten zu erfassen. Seine empirischen Befunde bestätigen die hier theoretisch abgeleiteten Tendenzen. Vgl. R.L.Davies: Effects of Consumer Income Differences on Shopping Movement, a.a.O., S.116 ff.

größeres örtliches Informationspotential (vermehrte
Informationsmöglichkeit) für nützlich hält, da sich
aufgrund einer verstärkten Erwartung zusätzlicher Erträge der Informationssuche oder aufgrund einer Senkung der Informationskosten vermehrte Informationstätigkeit an einem Ort als gewinnbringend erweist.

Eine Verlagerung des Christaller'schen Bereichs der
räumlichen Präferenzfunktion nach oben hat für die Bewertung der räumlichen Versorgungsstruktur folgende
Wirkungen:

(1) die absolute Position der Orte, die im bisherigen
    Christaller'schen Bereich lagen, verbessert sich.

(2) Die relative Position der Orte im bisherigen Christal-
    ler'schen Bereich verbessert sich gegenüber den Orten,
    die außerhalb dieses Bereichs liegen.

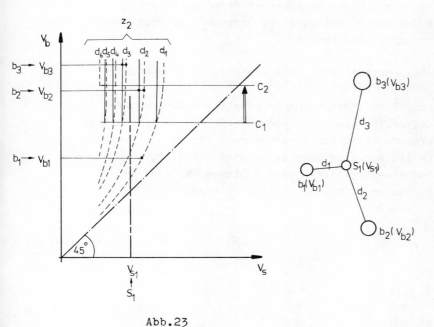

Abb. 23

Aus Abb. 23 lassen sich die genannten Wirkungen ablesen:

Nach einer Verschiebung des Christaller'schen Bereichs von C_1 auf C_2 ergibt sich eine Verbesserung der absoluten Position aller Orte oberhalb C_1: Ort b_2 und Ort b_3 verbessern ihre Position gegenüber S_1.

Es ergibt sich außerdem eine Verbesserung der relativen Position aller Orte oberhalb C_1 gegenüber den Orten unterhalb dieser Linie: Der zuvor günstigste Versorgungsort b_1 verliert nach einer Verlagerung des Christaller'schen Bereichs auf C_2 gegenüber den übrigen räumlichen Versorgungsalternativen b_2 und b_3 an Bedeutung. Der nunmehr günstigste Versorgungsort ist b_2.

Nach einer Verschiebung des Christaller'schen Bereichs auf ein abzissenferneres Niveau ist demnach festzustellen, daß die Versorgungsorientierung des Konsumenten in die Richtung einer größeren Aktionsreichweite und der Bevorzugung von Orten mit relativ hohem Versorgungsniveau tendiert.

5.3 Die optimale räumliche Versorgungsentscheidung unter Beachtung der Budgetrestriktionen

Eine mögliche Veränderung im räumlichen Versorgungszyklus, welche sich nach einer Variation der räumlichen Präferenzfunktion als nutzenmehrend für den Konsumenten darstellt, kann nur dann auch tatsächlich erfolgen, wenn die Budgetrestriktionen dies zulassen. Es sind in diesem Zusammenhang zwei Fragen zu beantworten:

(1) Verändern sich die restriktiven Wirkungen der Budgets (Transportbudget, Zeitbudget) nach einer Veränderung der exogenen Faktoren?

(2) In welchem Umfang erlauben die Budgetrestriktionen eine Wahrnehmung der bestmöglichen Versorgung, die sich aus veränderter räumlicher Präferenz- struktur und gegebener zentralörtlicher Angebots- struktur ergibt?

Die in Abb. 22 vorliegende Stauchung der räumlichen Präferenzfunktion kann bewirkt sein:
- durch eine Erhöhung des Einkommens,
- durch eine Senkung des äußeren Raumwiderstands,
- durch eine Senkung des inneren Raumwiderstands.

Die genannten Faktoren können einzeln, zu zweit oder alle drei gemeinsam für die Stauchung verantwort- lich sein. Unter Beachtung obiger Fragestellung soll untersucht werden, welche Konsequenzen die genannte Variation eines einzelnen Faktors für die restriktive Wirkung des Transport- und Zeitbudgets besitzt und in welchem Umfang das evtl. veränderte Maß der Re- striktion neue räumliche Versorgungsbeziehungen behindert, welche sich aufgrund der Stauchung der Präferenzfunktion nunmehr als am vorteilhaftesten erweisen.

5.3.1 Die restriktive Wirkung des Transportbudgets

Die Größe des Transportbudgets wurde in Abhängigkeit vom Einkommen definiert, wobei neben der absoluten Größe des Einkommens der Budgetkoeffizient (c) , d.h. der Anteil der Ausgaben für Versorgungsfahrten am gesamten Einkommen, zu beachten ist. Die restriktive Wirkung des Transportbudgets ist außerdem vom Trans- portkostenkoeffizienten (q) abhängig.

Eine Erhöhung des <u>Einkommens</u> um $\triangle Y$ bewirke eine
Stauchung der räumlichen Präferenzfunktion, wie sie
in Abb. 22 dargestellt ist, und verursache gleichzeitig
eine Zunahme der Einkaufshäufigkeit für Güter der
Funktionsgruppe Z_2 um $\triangle r_2$. Die Wegesumme, die
bei Konstanz des Budgetkoeffizienten (c) und des
Transportkostenkoeffizienten (q) insgesamt zusätzlich in einer Periode zurückgelegt werden kann, beträgt
dann:

$$\triangle D = \frac{c \cdot \triangle Y}{q} \qquad \triangle D = f_2 \cdot \triangle d \; ; \; \triangle d = d_2 - d_1$$

$$f_2 = \text{Zahl der Einkaufs-}$$
$$\text{fahrten, die zum}$$
$$\text{Ort } b_2 \text{ möglich}$$
$$\text{sind.}$$

Die Zahl der Fahrten, die insgesamt nach dem nunmehr
günstigsten Ort b_2 (nach Abb. 22) zum Zweck der Versorgung
mit Gütern der Funktionsgruppe Z_2 unternommen werden
können, beträgt:

$$f_2 = \frac{c \cdot \triangle Y}{q \cdot \triangle d}$$

Ist $f_2 \geq r_2 + \triangle r_2$
so erfolgt die gesamte Nachfrage
nach Z_2 in dem jetzt günstigsten
Ort b_2. Solange $f_2 < r_2 + \triangle r_2$,
müssen pro Periode noch $f_2 - (r_2 + \triangle r_2)$

$r_2 =$ Einkaufshäufig-
keit für Güter
der Funktions-
gruppe Z_2 vor
der Einkommens-
erhöhung

Einkäufe in der Funktionsgruppe Z_2 in dem ungünstige-
ren Ort b_1 getätigt werden, da das Transportbudget
eine Zunahme der Wegesumme, die über $\triangle D$ hinaus-
geht, nicht zuläßt. Das Festhalten an einem bestimmten
Budgetkoeffizienten beinhaltet folglich für den Konsu-

menten einen Nutzenentgang. D.h. es lohnt sich, ver-
mehrt Einkommensteile für Transportzwecke zur Verfügung zu stellen. Eine Erhöhung des Budgetkoeffizienten
(c) ist somit bei steigendem Einkommen eine durchaus
rationale Handlung, die ihre Ursache in einem vermehr-
ten Transportbedarf hat; dieser wiederum resultiert
aus der durch die Einkommenserhöhung bewirkten Veränderung der räumlichen Präferenzfunktion sowie der
Einkaufshäufigkeiten.

Für die restriktive Wirkung des Transportbudgets ist
die kostenmäßige Dimension[1] einer Senkung des äußeren
Raumwiderstands, der Transportkostenkoeffizient (q) von
Belang. Die Wegesumme $\triangle D$, die bei Konstanz des
Transportbudgets (c · y) in einer Periode zusätzlich
zurückgelegt werden kann, wenn die Stauchung der räumlichen Präferenzfunktion in Abb. 22 auf eine Verringerung des Transportkostenkoeffizienten um $\triangle q$ zurückzuführen ist, beträgt:

$$\triangle D = \frac{c \cdot Y}{q - \triangle q} - \frac{c \cdot Y}{q}$$

$$\triangle D = \frac{\triangle q \cdot c \cdot Y}{q(q - \triangle q)} \qquad q = \text{Transport-kostenkoeffi-zient vorher}$$

$$f_2 = \frac{\triangle q \cdot c \cdot Y}{q(q - \triangle q)\triangle d} \qquad \triangle D = f_2 \cdot \triangle d \; ; \triangle d = d_2 - d_1$$

Ist $f_2 \geq r_2$, so erfolgt die gesamte Nachfrage nach
Gütern der Funktionsgruppe Z_2 neben den Koppelungskäufen
der Güter der Funktionsgruppe Z_1 in Ort b_2.

Wenn $f_2 < r_2$, dann erfolgt ein Teil der Nachfrage
nach wie vor in Ort b_1, da die Senkung des Transport-

---

1) vgl. Abschnitt 3.3

kostenkoeffizienten um $\triangle q$ nicht ausreicht, um bei
Konstanz des Transportbudgets die restliche Wegstrecke
$$\triangle D = (r_2 - f_2)\triangle d \qquad \text{zu finanzieren.}$$

5.3.2 Die restriktive Wirkung des Zeitbudgets

Neben dem Transportbudget ist das Zeitbudget als
eine begrenzende Größe für den räumlichen Versorgungszyklus des Konsumenten zu beachten. Die absolute Größe
des Zeitbudgets für Versorgungszwecke muß in Abhängigkeit von der insgesamt zur Verfügung stehenden Freizeit gesehen werden. Die Freizeit kann damit als ein
weiterer exogener Faktor angesehen werden, der über
die zeitliche Budgetrestriktion das räumliche Versorgungsverhalten des Konsumenten mitbeeinflußt.
Die restriktive Wirkung des Zeitbudgets ist abhängig
von der zeitlichen Dimension des äußeren Raumwiderstands (d.i. die Zeit die für eine bestimmte Wegstrecke
benötigt wird; diese Zeit ist eine Funktion der mittleren Transportgeschwindigkeit (v) bei Versorgungsfahrten) und von der zeitlichen Dimension des inneren
Raumwiderstands (d.i. die durchschnittliche Zeit pro
Informationshandlung (t_i)).

Eine Erhöhung der mittleren Transportgeschwindigkeit
(v) senkt die notwendige Transportzeit und kann
daher zumindest teilweise die zusätzliche Zeit kompensieren, die für die zusätzliche Wegstrecke zum neuen
Versorgungsort d_2 (zusätzliche Transportzeit $\triangle T_{tr}$)
und die für die verstärkte Informationsaktivität in

b_2 (zusätzliche Shopping-Zeit $\triangle T_s$ wegen des höheren Versorgungsniveau von b_2) benötigt wird.

$$\triangle T_{tr} = \frac{r_2 \cdot \triangle d}{v}$$

t_i = durchschnittliche Zeit pro Informationshandlung = Zeit, die für die Überbrückung der Distanz zwischen zentralen Einrichtungen und die für die Information in einer zentralen Einrichtung aufgewandt wird.

$$\triangle T_s = r_2 \left[\delta_2 (V_{b2} - V_{b1}) \right] t_i$$

$\delta_2 (V_{b_2} - V_{b_1})$ = zusätzliche mögliche Informationsaktivität in Ort b_2 für Güter der Funktionsgruppe Z_2

Die Zahl der Fahrten zu Ort b_2, die nach einer Erhöhung der mittleren Reisegeschwindigkeit um $\triangle v$ möglich sind, ohne daß die ursprünglich benötigte Transportzeit (T_{tr}) erhöht werden muß, läßt sich ableiten als:

$$f_2' = \frac{T_{tr}(v + \triangle v)}{d_2}$$

Wird auch die zusätzlich benötigte Shopping-Zeit ($\triangle T_s$) berücksichtigt, ergibt sich die Zahl der Einkaufsfahrten nach b_2 als:

$$f_2'' = \frac{(T_{tr} - \triangle T_s)(v + \triangle v)}{d_2}$$

Ist $f_2'' \geq r_2$ so bewirkt die jetzt mögliche höhere Geschwindigkeit ($v + \triangle v$) eine gänzliche Kompensation der zusätzlich benötigten Zeit. Die gesamte Nachfrage nach Gütern der Funktionsgruppe Z_2 kann in Ort b_2 erfolgen.

Bei $f_2'' < r_2$ und bei Konstanz des Zeitbudgets verbleibt ein Teil der Nachfrage in Ort b_1; d.h. es muß

auf einen Teil des zusätzlichen Nutzens, der bei
einer Nachfrage in Ort b_2 gegenüber b_1 realisiert werden könnte, verzichtet werden.

Ist die Veränderung der räumlichen Präferenzfunktion
auf eine Senkung des zeitlichen inneren Raumwiderstands
zurückzuführen[1], ergeben sich für den Konsumenten,
der sich jetzt für den entfernteren Ort b_2 entscheidet,
im Rahmen des gegebenen Zeitbudgets dann keine zeitlichen Restriktionen, wenn die Zeit pro Informationshandlung entsprechend klein geworden ist, so daß die
eingesparte Shopping-Zeit auch den zeitlichen Mehrauf-
wand des Transports zu kompensieren vermag.

Andernfalls muß die fehlende Zeit durch eine entsprechende Ausdehnung des periodischen Zeitbudgets ausgeglichen
werden, soll die günstigste räumliche Versorgung realisiert werden.

5.3.3 Zusammenfassung

Sowohl das Transportbudget als auch das Zeitbudget
bestimmen jeweils eine Wegesumme (D), die bei Konstanz
der Budgets und der kostenmäßigen bzw. zeitlichen Bedingungen des Raumwiderstands in einer Periode nicht
überschritten werden darf. Als letztlich restriktiv
für das räumliche Versorgungsverhalten des Konsumenten

---

1) Die gesetzliche Bestimmung der Preisauszeichnung,
   ein übersichtlicheres Angebot in den Geschäften,
   die räumliche Nähe zentraler Einrichtungen, die
   Güter einer Funktionsgruppe anbieten, etc. senken
   den zeitlichen Aufwand der Informationssuche.

wirkt aber jeweils nur ein Budget, nämlich jenes,
welches die kleinere Wegesumme (D) zuläßt.

Eine Erhöhung des verfügbaren Einkommens und/oder
eine Senkung des Transportkostenkoeffizienten vermögen
zwar die restriktive Wirkung des Transportbudgets
gänzlich oder zumindest teilweise aufzuheben, die
restriktive Wirkung des Zeitbudgets bleibt aber
unberührt. Wird folglich nach einer Einkommenserhöhung
und/oder einer Senkung des Transportkostenkoeffizienten die Ausdehnung der räumlichen Versorgungsaktivität
auf einen besser ausgestatteten, aber entfernteren Ort
vorteilhaft, so ist in jedem Fall eine Erhöhung der
für Versorgungszwecke verfügbaren Zeit (T_B) die
notwendige Voraussetzung für eine derartige Verschiebung im räumlichen Versorgungszyklus des Konsumenten[1].
Die Zeit bildet folglich in diesem Fall die eigentliche
Restriktion.

Genau entgegengesetzte Bedingungen liegen vor, wenn
die mögliche nutzenmehrende Ausdehnung der räumlichen
Versorgungsaktivität auf eine Senkung des zeitlichen
Raumwiderstands zurückzuführen ist. Nach einer Erhöhung
der mittleren Transportgeschwindigkeit mag z.B. die
für die Überwindung einer größeren periodischen Wegsumme
zusätzlich benötigte Zeit infolge der höheren Geschwindigkeit vorhanden sein, die zusätzlichen Transportkosten können aber bei konstantem Transportbudget nicht
aufgebracht werden; d.h. entweder ist der Budgetkoeffizient zu erhöhen, oder der zusätzliche Nutzen,
der mit der Nachfrage in einem höherbewerteten, aber

1) vgl. B.P.Holly and J.O.Wheeler: Patterns of Retail
   Location and the Shopping Trip of Low-Income-Households. In: Urban Studies, Vol.9 (1972), S.219

entfernteren Ort zu erwarten ist, kann nicht realisiert werden.

Die Benutzung eines schnelleren, aber teueren Verkehrsmittels für Versorgungsfahrten beispielsweise senkt
den zeitlichen Raumwiderstand, erhöht aber den Transportkostenkoeffizienten. Bei einem niedrigeren Einkommen hat der kostenmäßige Transportmehraufwand eine
entsprechend große Zunahme des Budgetkoeffizienten
zur Folge. Wenn aber der Anteil der Ausgaben für Versorgungsfahrten am Gesamteinkommen erheblich steigt,
verbleibt ein umso kleineres Einkommen, welches noch
für Ausgaben des periodischen Güterbedarfs zur Verfügung steht. Der negative Effekt des kleineren Einkommens
und des größeren Transportkostenkoeffizienten auf
die räumliche Präferenzfunktion (Dehnung) kann u.U.
den positiven Effekt einer Senkung des zeitlichen
Raumwiderstands (Stauchung der Präferenzfunktion)
aufheben oder sogar überkompensieren, so daß trotz
der möglichen Benutzung eines schnellen Verkehrsmittels
eine stärker fernorientierte Versorgung nicht eintritt.
D.h. die Transportkosten und nicht die Zeit sind in
diesem Fall das primär restriktiv wirkende Element.

Die Benutzung eines schnelleren, aber teueren Verkehrsmittels zur Minderung des zeitlichen äußeren Raumwiderstands wird erst dann erfolgen, wenn das Einkommen
eine Höhe erreicht hat, bei der die zeitliche Restriktion
eine größere Rolle spielt als die Wirkung zunehmender
Transportkosten; d.h. das Einsparen von Zeit wird
höher bewertet als die entstehenden zusätzlichen
Transportkosten. Die zusätzlichen Transportkosten
können - soweit erforderlich - mit wachsendem Einkommen
durch eine immer kleinere Erhöhung des Transportbudget-
koeffizienten ausgeglichen werden.

Eine Umorientierung des Konsumenten zu einem weit-
räumigeren Versorgungsverhalten, das auf relativ
attraktivere Versorgungsorte gerichtet ist, wird
daher insbesondere durch eine Erhöhung des Einkommens in Verbindung mit einer Senkung des zeitlichen äußeren Raumwiderstandes bewirkt[1].

---

1) Auch Berry sieht in Einkommenssteigerungen in
   Verbindung mit der Benutzung des Automobils (Reduzierung des zeitlichen äußeren Raumwiderstands) die
   vornehmliche Ursache für diese Tendenz. Vgl.B.J.L.
   Berry: Geography of Market Centers and Retail Distribution, a.a.O., S.115; vgl. auch: R.L.Davies: Effects
   of Consumer Income Differences on Shopping Movement,
   a.a.O., S.121

6. <u>Die Entwicklung des örtlichen Versorgungsange-
bots</u>

6.1 Vorbemerkung

In Abschnitt 3.2.1.1 erfolgte zunächst eine formale
Ableitung der Größe "Versorgungsniveau". Die Fragen,
warum das örtliche Versorgungsangebot gerade diese Zusammensetzung hat und warum es sich gerade in die
formal angenommene Richtung entwickelt, wurden bislang
noch nicht gestellt, da diese Fragen für die Erklärung
des räumlichen Versorgungsverhaltens des Konsumenten
noch keine Relevanz besaßen.

Sobald aber der Zusammenhang zwischen der Entwicklung
der räumlichen Versorgungsorientierung der Konsumenten
und einer daraus resultierenden Veränderung der zentralörtlichen Angebotsstruktur aufgedeckt werden soll, ist
es unumgänglich, die Reaktion der einzelnen zentralen
Einrichtung und des gesamten örtlichen Versorgungsangebots auf eine räumliche Umorientierung der Nachfrage
einer näheren Analyse zu unterziehen. Diese erfolgt
in Abgrenzung zu den Annahmen über das örtliche Versorgungsangebot im Christaller'schen Modell der zentralen Orte.

6.2 Das örtliche Versorgungsangebot bei Christaller

Über das örtliche Versorgungsangebot werden bei
Christaller konkret nur qualitative Angaben gemacht.
D.h. es wird klar, welche rangspezifischen Arten zen-
traler Güter in den einzelnen Ortstypen angeboten
werden, sehr unpräzise Angaben werden aber über den
Umfang des Versorgungsangebots[1] bzw. über die Zahl der

---

1) vgl.E.von Böventer: Die Struktur der Landschaft.
Versuch einer Synthese und Weiterentwicklung der
Modelle J.H.von Thünens, W.Christallers und A.Löschs.
In: E.Schneider (Hrsg.): Optimales Wachstum und
Optimale Standortverteilung, Schriften des Vereins
für Sozialpolitik, 27 (1962), S.88

Anbieter zentraler Güter ("zentrale Dienste")[1] gemacht.
Die Christaller'schen Darstellungen lassen zwei Inter-
pretationen zu:

1. Das Angebot eines zentralen Gutes erfolgt in allen
   Orten nur in jeweils einer zentralen Einrichtung.
   In diesem Fall wird von einer unterschiedlichen
   Bevölkerungsgröße in den Orten verschiedenen Ranges
   (oder verschiedener "Ordnung")[2] vollkommen abstra-
   hiert. Die einzelnen Orte sind lediglich als ab-
   strakte Punkte in einem in jeder Beziehung "homogenen" Raum[3] gedacht, auf die sich das Angebot eines
   oder mehrerer zentraler Güter mit unterschiedlicher
   Reichweite konzentriert. Die räumliche Organisation
   dieser unterschiedlich mit rangspezifischen zentralen Einrichtungen besetzten Raumpunkte geschieht
   aufgrund folgender Annahmen[4]:

(1) Der Standort für die einzelne zentrale Einrichtung
    muß so vorteilhaft wie möglich sein.

(2) Die Standorte der zentralen Einrichtungen müssen
    über den ganzen Raum flächendeckend verteilt sein.

---

1) vgl. W.Christaller: Die zentralen Orte...,a.a.O.,S.29
2) vgl. ebenda,S.61
3) Homogenität des Raums bedeutet in diesem Zusammenhang:
   gleichmäßige Verteilung der Nachfrage, gleiche Produktionsfunktion und gleicher räumlicher Widerstand
   an allen Raumpunkten.
4) vgl. A.Lösch: Die räumliche Ordnung der Wirtschaft,
   3.Aufl., Stuttgart 1962, S.64 ff.

(3) Außerordentliche Gewinne müssen in allen zentralen Einrichtungen verschwinden.

(4) Die Absatzgebiete müssen so klein wie möglich sein.

(5) Auf der Grenze der Wirtschaftsgebiete zweier Standorte zentraler Einrichtungen ist für das Wirtschaftssubjekt eine indifferente Wahlsituation gegeben.

Im Christaller-Modell wird zusätzlich angenommen, daß das Angebot eines höherrangigen zentralen Gutes ("zentrales Gut höherer Ordnung")[1] nur an den Raumpunkten vorgenommen wird, an denen bereits alle niedrigrangigeren Güter (Güter, "niederer Ordnung")[2] angeboten werden. Unter diesen Annahmen entstehen in einem gegebenen Raum für das Angebot des niedrigstrangigen zentralen Gutes gerade so viele räumliche Angebotspunkte, wie Ergänzungsgebiete für das Angebot dieses Gutes möglich sind. Der Radius des Ergänzungsgebietes ist gleich der "unteren Grenze der Reichweite" des Gutes. "Die untere Grenze der Reichweite eines zentralen Gutes wird also bestimmt durch die Mindestmenge des Verbrauchs dieses zentralen Gutes, die erforderlich ist, damit sich die Produktion oder das Angebot des zentralen Gutes rentiere".[3] D.h. der Raum wird solange mit zusätzlichen Angebotspunkten aufgefüllt, und damit werden die Marktbereiche der zentralen Einrichtungen an diesen Punkten solange schrumpfen, bis die außerordentlichen Gewinne in allen zentralen Einrichtungen, die das Gut anbieten, verschwunden sind (und somit die "untere Grenze der Reichweite" erreicht ist). Für das Angebot des nächst höherrangigen zentralen Gutes kommt nur ein Teil der entstandenen zentralen Orte niedrigster Ordnung in Frage (im Christaller Modell genau der dritte Teil),

---

1) W.Christaller, Die zentralen Orte..., S.61
2) ebenda
3) ebenda, S.59

da ein größeres Ergänzungsgebiet notwendig ist,
um einer zentralen Einrichtung, die dieses Gut anbietet,
den Mindestgewinn zu sichern. Nach demselben Prinzip
verteilen sich ebenfalls die Angebote aller ranghöheren
Güter im Raum[1].

Das Versorgungsangebot eines zentralen Ortes ist demnach
abhängig von dem ranghöchsten Gut, welches in dem Ort
noch angeboten wird. Da an diesem Ort auch alle rang-
niedrigeren Güter angeboten werden und jedes Angebot
in nur jeweils einer zentralen Einrichtung erfolgt,
ist somit auch die Gesamtzahl der zentralen Einrichtungen
des Ortes gegeben.

Der deduktiv gewonnene theoretische Ansatz des Christaller'
schen Zentralitätsmodells legt diese erste Interpretation des örtlichen Versorgungsangebots nahe.

2. Christaller geht bei der folgenden Diskussion seines Modells - realistischerweise - von
einer unterschiedlichen Bevölkerungsgröße in verschiedenen zentralen Orten aus und bringt zum Ausdruck, daß
zur Versorgung der eigenen Bevölkerung zusätzliche
zentrale Einrichtungen ein und derselben Rangstufe
in einem Ort denkbar sind[2]. In diesem Fall erfährt
die Prämisse eines in jeder Beziehung homogenen Raums
eine geringfügige Abänderung: die gleichmäßige Verteilung der Nachfrage im Raum gilt nur für die Bereiche
außerhalb der zentralen Orte; die zentralen Orte selbst
besitzen, abhängig von ihrem Rang, unterschiedliche
Nachfragepotentiale. Die Zahl der zentralen Einrichtun-

---

1) Als Ergebnis der räumlichen /Organisation der verschiedenen Angebote zentraler Güter ergibt sich jene
   hierarchisch gegliederte horizontale und vertikale
   zentralörtliche Angebotsstruktur, auf die an anderer
   Stelle bereits hingewiesen wurde. Vgl.Abschnitt 3.1.1
2) W.Christaller: Die zentralen Orte ..., S.88 f.

gen gleicher Art, die an einem Ort vorhanden sind,
muß jetzt gerade ausreichen, um neben dem Ergänzungsgebiet auch die Bevölkerung des zentralen Orts
selbst zu versorgen. Die Zahl der zentralen Einrichtungen für das Angebot einer Ranggruppe zentraler
Güter in einem Ort ist folglich u.a. abhängig von
der Bevölkerungsgröße des Ortes. Diese wächst aber
mit dem Rang des höchsten an dem Ort noch angebotenen
zentralen Gutes. Das gesamte örtliche Versorgungsangebot
vergrößert sich demnach in Abhängigkeit vom Rang des
Ortes (der Rang eines Ortes gemessen am ranghöchsten
zentralen Gut, welches an dem Ort noch angeboten
wird) nicht nur in seiner Tiefe (wie bei der ersten
Interpretation), sondern auch in seiner Breite.

6.3 Die zentrale Einrichtung als Anbieter zentraler
Güter

6.3.1 Die zentrale Einrichtung als wirtschaftliche
Entscheidungseinheit

Der Entscheidungsspielraum einer zentralen Einrichtung (hier: im Einzelhandel) umfaßt im Wesentlichen
drei Entscheidungsparameter:[1]

(1) Festlegung des Warensortiments,
(2) Bestimmung der Verkaufspreise,
(3) Festlegung des Standorts.

Die einzelne zentrale Einrichtung wurde bereits abge-
grenzt als der Anbieter einer Funktionsgruppe zentraler
Güter[2]. Die Festlegung des Warensortiments in einer
zentralen Einrichtung beschränkt sich demnach auf die
jeweilige Funktionsgruppe. Innerhalb der Funktions-

2) vgl. Abschnitt 3.2.1.1
1) vgl. B.J.L.Berry: Geography of Market Centers and
Retail Distribution, a.a.O., S.86

gruppe kann aber in den verschiedenen zentralen Einrichtungen eine unterschiedliche Zusammenstellung des
Sortiments nach Quantität und Qualität erfolgen.

Die Festsetzung der Preise für ein bestimmtes Güter-
sortiment spielt insbesondere im Einzelhandel für den
wirtschaftlichen Erfolg einer zentralen Einrichtung
eine wichtige Rolle. Die Bedeutung dieses Entschei-
dungsparameters hat nach der gesetzlichen Aufhebung
gebundener Preise in der BRD noch gewonnen.
Die Festlegung von Handelsspannen bei den einzelnen
Gütern ist damit wieder stärker in den Kalkulations-
rahmen der einzelnen zentralen Einrichtung gestellt.

Die theoretischen Aspekte der Sortimentspolitik sowie
der Preispolitik im Einzelnen weiter zu verfolgen,
würde den Rahmen dieser Arbeit überschreiten.

Der dritte genannte Entscheidungsparameter muß allerdings eine etwas differenziertere Betrachtung erfahren.
Die Wahl des Standorts ist im Christaller-Modell ohne-
hin der einzige Entscheidungsparameter,über den der
Anbieter zentraler Güter verfügt. Obwohl Christaller
die Wirkung unterschiedlicher Preise für dasselbe Gut
in verschiedenen Orten vorab diskutiert,[1] erfolgt die
formale Ableitung des "Systems der zentralen Orte"[2]
unter der Bedingung eines gleichen Preises für ein
zentrales Gut an allen Orten und einer Beschränkung
auf jeweils ein zentrales Gut pro zentraler Einrichtung[3].

---

1) vgl.W.Christaller: Die zentralen Orte...a.a.O.,
   S.42 f. und S.44 f.
2) vgl. ebenda, S.63 ff.
3) vgl. J.B.Parr and K.G.Denike: Theoretical Problems
   on Central Place Analysis. In: Economic Geography
   Vol. 46 (1970), S.573; vgl. auch E.von Böventer:
   Die Struktur der Landschaft...,a.a.O., S.85

6.3.2 Die Standortwahl einer zentralen Einrichtung

Wird als ökonomisches Ziel der zentralen Einrichtung
die Erwirtschaftung eines größtmöglichen Gewinns angenommen, so kann die allgemeine Aussage gemacht werden,
daß eine zentrale Einrichtung sich dort ihren Standort
sucht, wo sie den höchsten Gewinn erwartet. Nach dem
Prinzip der Gewinnmaximierung handeln auch die Anbieter
im Christaller'schen Modell, wenn sie sich immer möglichst
weit entfernt vom nächsten Anbieter des betreffenden Gutes niederlassen, obwohl im Gleichgewicht, wie Lösch[1]
es formuliert, alle außerordentlichen Gewinne verschwunden sind.

Der Entscheidungsrahmen für die Standortwahl ist durch
zwei Größen abgesteckt:
(1) die Höhe der erwarteten Nachfrage,
(2) die internen Kosten der zentralen Einrichtung.

Eine zentrale Einrichtung wird nur dann entstehen,
wenn die zu erwartende Nachfrage einen Umsatz gewährleistet, der nach Abzug der Kosten einen Gewinn
erbringt, welcher größer oder zumindest gleich dem
Mindestgewinn ist. Umgekehrt wird eine zentrale Einrichtung dann aufgegeben, wenn die Nachfrage so gering
geworden ist, daß der Mindestgewinn langfristig nicht
mehr erzielt werden kann.

Wird der Gewinn auf das eingesetzte Kapital bezogen
und durch einen Zinsfaktor ausgedrückt und werden Umsatz und Kosten einer zentralen Einrichtung durch die
gesamte Verkaufsfläche dividiert, dann ergibt sich die
Verzinsung des eingesetzten Kapitals pro Verkaufsflächeneinheit als:

---

1) vgl. Lösch, A., Die räumliche Ordnung der Wirtschaft,
   a.a.O., S. 64
2) vgl. J. P. Lewis: Profitability in a Shopping Modell.
   in: Urban Studies, Vol. 8 (1971), S. 286

$$i = \frac{\overline{\Pi} \cdot u - l - r}{h \cdot u(1 - \overline{\Pi})}$$

i = Verzinsungssatz des eingesetzten
Kapitals

u = Umsatz pro Verkaufsflächeneinheit

l = Lohnkosten + Nebenkosten pro Verkaufsflächeneinheit

r = Miete pro Verkaufsflächeneinheit

$\overline{\Pi}$ = mittlere Handelsspanne

h = mittlere Umschlaggeschwindigkeit
des Warenbestandes

Ist i_{min} die Mindestverzinsung des eingesetzten Kapitals, die erwirtschaftet werden muß, wenn die zentrale
Einrichtung weiter bestehen soll, oder die bei einer
neuen Niederlassung als Minimum garantiert sein muß,
so muß ein Mindestumsatz pro Verkaufsflächeneinheit
in Höhe von u_{min} bestehen oder erwartet werden;
u_{min} ergibt sich aus der Umformung obiger Gleichung:

$$u_{min} = \frac{l + r}{\overline{\Pi} - h(1 - \overline{\Pi})i_{min}}$$

Bezeichnet F die Verkaufsfläche der zentralen Einrichtung,
dann erhält man den Mindestumsatz, der in der zentralen
Einrichtung für ihre Existenz erreicht werden muß, als:

$$U_{min} = F \cdot u_{min}$$

Der Mindestumsatz, der in einer zentralen Einrichtung
erzielt werden muß, wächst demnach mit steigenden
Kosten (Lohnkosten und Mieten pro Verkaufsflächeneinheit) und mit sinkender Handelsspanne. Die mittlere Handelsspanne hängt direkt zusammen mit der Preis-
kalkulation der zentralen Einrichtung. Die Art des
"price-mixing" kann in den einzelnen zentralen Einrichtungen, die Güter derselben Funktionsgruppe anbieten, sehr unterschiedlich sein, so daß ein "homo-
genes" Gut, wie beispielsweise ein Markenartikel

an einem Ort zu verschiedenen Preisen angeboten wird.

Lohnkosten und v.a. Mieten liegen in der Regel in
größeren zentralen Orten höher als in kleineren (Agglo-
merationsnachteil)[1]. Die höheren internen Kosten in
einem größeren zentralen Ort müssen folglich - ceteris
paribus - durch einen entsprechend größeren Umsatz
kompensiert werden. Nur wenn dieser Umsatz gewährleistet
ist, kann die zentrale Einrichtung an diesem Ort bestehen.

Für Anbieter zentraler Güter in größeren Orten bieten
sich mit wachsendem örtlichen Versorgungsangebot aber
andererseits auch Agglomerationsvorteile wie beispielsweise verstärkte Koppelungskäufe. "Thus a retail firm
not only directly attracts consumers, but may increase
it's share of the market by locating near firms selling
goods which consumers often buy on the same shopping
trip"[2]. D.h. die örtliche Nachbarschaft zahlreicher
Einrichtungen höherer Ordnung bedeutet für die zentralen Einrichtungen niederer Ordnung einen externen Vorteil,
der in die Kalkulation der Nachfrageerwartung mit einbezogen wird und somit für die Standortentscheidung
einer zentralen Einrichtung ein wesentlicher Faktor ist[3].

---

1) vgl. E.von Böventer: City Size Systems...,a.a.O.,
   S.146; vgl. auch A.W.Evans: The Pure Theory of City
   Size in an Industrial Economy. In: Urban Studies,
   Vol.9 (1972), S.56 ff.
3) vergleichbar den "urbanization economies" bei Isard.
   Vgl. W.Isard: Location and Space Economy. A General
   Theory Relating to Industrial Location, Market Areas,
   Land use, Trade and Urban Structure, Cambridge
   (Massachusetts), London, 6.Aufl., 1968, S.172 u 182 ff.
   vgl. E.Meichsner: Wirtschaftsstrukturelle Probleme
   großer Siedlungszentren. Ein empirischer Beitrag zur
   Frage des Zusammenhangs zwischen Wettbewerbsposition
   und Standort des Einzelhandels, 1968, S.169 ff.
2) F.E.Horton: Location Factors as Determinants of
   Consumer Attraction to Retail Firms. In: Annals
   of the Association of American Geographers,
   Vol.85 (1968), S.793

Einen positiven Zusammenhang zwischen einem relativ größeren
Umsatz und relativ kleineren Preisen in zentralen
Einrichtungen größerer Versorgungsorte vermutet G.Row-
ley[1] und sieht in dem von ihm festgestellten Preis-
vorteil größerer Versorgungsorte einen wesentlichen
Wettbewerbsvorteil dieser Orte gegenüber kleineren
Versorgungsorten[2].

6.3.3 Die Entwicklung des örtlichen Gesamtangebots

Eine Vermehrung der Zahl zentraler Einrichtungen
in einem Ort ist nach obiger Darstellung im allgemeinen
nur dann möglich, wenn die Nachfrage, die auf einen
Versorgungsort entfällt, entsprechend anwächst, so daß
der Mindestumsatz (U_{min}) für eine zusätzliche
zentrale Einrichtung gewährleistet ist. Diese zusätzliche Nachfrage kann aus dem Ort selbst oder seinem
Umland stammen[3]. Eine zusätzliche Nachfrage aus dem
Umland bewirkt im zentralen Ort einen Multiplikator-
effekt[4], da zumindest ein Teil der zusätzlichen Einkommen,
die auf diese Weise im Ort entstehen, dort wieder verausgabt werden. Das zusätzliche Einkommen, welches nach
n Perioden ($n \rightarrow \infty$) in diesem Ort nachfragewirksam
ist, beträgt[5]:

---

1) vgl. G.Rowley: Spatial Variations in the Prices of
   Central Goods. A Preliminary Investigation. In: Tijdschrift voor Economische en Sociale Geografie, 63
   (1972), S.364 ff.
2) vgl. ebenda, S.366 f.
3) vgl. dazu das Konzept der derivativen Wertschöpfung
   im Einkommensverwendungsprozeß im zentralen Ort:
   vgl. M.Sättler: Ein ökonomisches Simulationsmodell für
   zentrale Orte als Instrument der Stadtentwicklung.
   Meisenheim am Glan, 1973, S.48 f.
4) vgl. ebenda, S.50 f.
5) Zur allgemeinen Ableitung des Multiplikators vgl. R.G.
   D.Allen: Macro-Economic-Theory. A Mathematical Treatment, London, Melbourne, Toronto, 1968, S.115

$$\triangle Y_o = \frac{1}{1 - h} \triangle Y_u$$

$\triangle Y_o$ = zusätzlich nachfragewirksames Einkommen im zentralen Ort

$\triangle Y_u$ = zusätzl.Nachfrage aus dem Umland

h = Relation zwischen im Ort verbleibenden und hinausfliessenden Einkommensteilen

Die Höhe des Multiplikateffekts ist abhängig von dem am Ort vorhandenen Versorgungsangebot, da mit zunehmender Zahl vorhandener zentraler Einrichtungen unterschiedlichen Ranges der imOrt verbleibende Teil des zusätzlich von außen eingeflossenen Einkommens wächst (d.h. h wird größer)[1].

Die Errichtung einer zentralen Einrichtung, die Güter einer höherrangigen, zuvor an diesem Ort nicht vorhandenen Funktionsgruppe anbietet, bedeutet zunächst, daß zumindest in Höhe des für diese Einrichtung geltenden Mindestumsatzes zusätzlich Einkommensteile verausgabt werden, die entweder aus dem Ort selbst stammen und bislang in anderen Orten ausgegeben wurden oder die jetzt zusätzlich aus dem Umland hereinfließen. Nach dem Multiplikatorprinzip bewirkt die Nachfrage nach den Gütern der jetzt zusätzlich vorhandenen höherrangigen Funktionsgruppe auch eine vermehrte Nachfrage nach den Gütern niedrigrangiger Funktionsgruppen, was u.U. eine Zunahme der Zahl zentraler Einrichtungen in mehreren anderen am Ort vertretenen Funktionsgruppen zur Folge hat, sobald die entsprechenden Schwellenwerte für die Errichtung einer zusätzlichen zentralen Einrichtung überschritten werden. Hinzu kommen die Koppelungskäufe, die mit einer zusätzlichen von außen kommenden Nachfrage nach den Gütern der höheren Funktionsgruppe verbunden sind. Auch auf diese zusätzliche Nachfrage ist der Multiplikator anzuwenden.

1) vgl. M.Sättler: Ein ökonomisches Simulationsmodell für zentrale Orte...,a.a.O., S.50

Zusammenfassend kann gesagt werden, daß mit zunehmender"Tiefe" des örtlichen Versorgungsangebots auch eine
Ausdehnung der "Breite" des Angebots erfolgt[1]. Diese
Feststellung stimmt mit der in Abschnitt 3.2.1.1
erfolgten formalen Darstellung des örtlichen Versorgungsangebots überein und wird bestätigt durch die
Untersuchungen von B.J.L.Berry und W.L.Garrison, die
an den Zusammenhang zwischen örtlichem Versorgungsangebot
und Bevölkerungszahl des zentralen Ortes anknüpfen[2].

Berry und Garrison entwickelten ein Konzept, welches auf
der sog. "threshold population" aufbaut. In Anlehnung
an Christallers Feststellung, daß aufgrund der Wirksamkeit von Einkommensmechanismen die Bevölkerungsgröße
eines zentralen Ortes eine Funktion des dortigen Angebots an zentralen Gütern unterschiedlichen Ranges sei[3],
definieren Berry und Garrison die "threshold population"
als "the minimum population size of an urban center
for the support of an urban function"[4]. Die "threshold
population" stellt, wie die "untere Grenze der Reichweite"
eines zentralen Gutes, ein Maß für ein kritisches Nach-

---

1) vgl. C.E.Mays: The Dynamics of Retail Growth: An
   Investigation of the Long-Run and Short-Run Adjustments of Activities in the Growth and Decline of
   Retail Nucleations. Dissertation, University of
   Washington, 1972, S.74 f.
2) vgl. H.G.Barnum: Market Centers and Hinterlands in
   Baden-Württemberg, a.a.O., S.18 f. ; vgl. auch
   G.Rowly: Central Places in Rural Wales, a Study
   of Consumer Behavior. In: Annals of the Association
   of American-Geographers, Vol.61 (1971), S.549
3) vgl. W.Christaller: Die zentralen Orte...,a.a.O.,
   S.88 f.
4) B.J.L. Berry and W.L.Garrison: A Note on Central
   Place Theory...,a.a.O., S.306

frageniveau dar, welches bei einem Angebot dieses Gutes
notwendig vorhanden sein muß   . Während aber mit der
Festlegung der "unteren Grenze der Reichweite" die
potentielle Nachfrage eines Ergänzungsgebietes umrissen
wird, die für ein zentrales Angebot erforderlich ist,
stellt das Konzept der "threshold population" einen
Zusammenhang zwischen der Einwohnerzahl eines Ortes
und der Zahl zentraler Einrichtungen her: Mit wachsender
örtlicher Bevölkerung treten an bestimmten "thresholds"
zentrale Einrichtungen höherrangiger Funktionsgruppen
zum örtlichen Versorgungsangebot hinzu[1]. Gleichzeitig
erfolgt aber ebenfalls eine Vermehrung von zentralen
Einrichtungen bereits vorhandener Funktionsgruppen
und zwar bei abnehmendem Rang der Funktionsgruppe
in steigenden Raten[2].

---

1) vgl. B.J.L.Berry and W.L.Garrison: A Note on Central
   Place Theory...,a.a.O., S.308; vgl. auch B.J.Berry
   and W.L.Garrison: The Functional Basis of the Central
   Place Hierarchy, a.a.O.,S.150; vgl. auch G.Olsson,
   Central Place Systems, Spatial Interactions and
   Stochastic Process. In: Papers of the Regional
   Science Association, Vol. 18 (1967), S.14
2) vgl. B.J.L.Berry and W.L.Garrison: A Note on Central
   Place Theory...,a.a.O., S.307, Table II, S.308,
   Fig.1

7. <u>Die Entwicklung des zentralörtlichen Versorgungs-</u>
<u>gefüges</u>

7.1 Der Anpassungsprozeß zwischen zentralörtlicher
Nachfragestruktur und zentralörtlicher Angebotsstruktur

Das raumbezogene Versorgungsverhalten der Konsumenten
bedingt ein Geflecht von räumlichen Versorgungsbeziehungen innerhalb des vorgegebenen Siedlungsgefüges.
Dieses beobachtbare Geflecht räumlicher Versorgungsbeziehungen wurde als die zentralörtliche Nachfragestruktur eines Raumes bezeichnet[1]. Die zentralörtliche
Nachfragestruktur beinhaltet Richtung und Höhe der
Nachfrage, die, ausgehend von einzelnen Wohnorten,
auf diese selbst oder auf andere, Versorgungsleistungen
anbietende Orte eines gegebenen Raums entfällt.

Die räumliche Verteilung der örtlich gebundenen Versorgungspotentiale verschiedener Größe (zentralörtliche Angebotsstruktur)[2] stimmt in der Regel mit
der räumlichen Verteilung der Nachfrage auf die einzelnen Versorgungsorte nicht vollständig überein. Die
zentralörtliche Angebotsstruktur ist vielmehr in einem
stetigen Prozeß der Anpassung an die sich im Zeitablauf
verändernde zentralörtliche Nachfragestruktur begriffen[3]. Die Variation der räumlichen Präferenzfunktion
beeinflußt das Versorgungsverhalten des Konsumenten und
damit die räumliche Orientierung der Nachfrage; stimmt
ein örtliches Gesamtangebot an Versorgungsleistungen
mit der auf diesen Ort entfallenden Nachfrage aber nicht
mehr überein, ist folglich ein Angebots- oder Nachfrageüber-
hang zu verzeichnen, dann werden Kräfte zur Beseitigung des
Ungleichgewichts wirksam.

---

1) vgl. Abschnitt 2.2.3
2) vgl. Abschnitt 2.2.2
3) "...the fundamental factor affecting the geographic
   distribution of retail trade is the manner in which
   consumer organize their perceptions of the external
   environment with which they are faced." D.Thompson:
   Future Directions in Retail Area Research. In:
   Economic Geography, Vol.42 (1966), S.17

7.2 Variation des Christaller'schen Zentralitätsmodells

Das räumliche Versorgungsmodell Christallers zeichnet
sich neben einer Vielzahl von Prämissen v.a. durch
zwei Eigenschaften aus:

(1) Die räumliche Präferenzfunktion, die dem Versorgungs-
    modell zugrunde liegt, ist einseitig distanzorientiert.

(2) Zentralörtliche Nachfragestruktur und zentralörtliche
    Angebotsstruktur stimmen ex definitione überein,
    das Modell ist daher unbedingt statischer Natur.

Die im Christaller'schen Modell enthaltene zentralörtliche Angebotsstruktur soll als raumstrukturelle Ausgangssituation gewählt und gefragt werden, welche
Veränderungen sich im Modell ergeben, wenn man die
genannten Eigenschaften der Christaller'schen Lösung
aufgibt. Es soll also:

(1) im Außer-Christaller'schen Bereich der räumlichen
    Präferenzfunktion operiert werden,

(2) ein Ungleichgewicht zwischen zentralörtlicher
    Nachfragestruktur und zentralörtlicher Angebots-
    struktur sowie ein Anpassungsprozeß möglich sein,

(3) eine zentrale Funktion in einem Versorgungsort
    von mehr als einer zentralen Einrichtung wahrgenom-
    men werden können.

Alle übrigen Annahmen des Christaller-Modells (homogene
Fläche, gleicher Transportkoeffizient etc.) bleiben
bestehen.

Es soll zunächst eine Funktionsgruppe zentraler Güter
herausgegriffen und festgestellt werden, welche
Änderungen sich in der zentralörtlichen Nachfragestruktur
gegenüber der Christaller'schen Lösung bzgl. dieser
Funktionsgruppe ergeben, d.h. wie sich der Einzugsbereich von zentralen Orten mit unterschiedlichem Ver-

sorgungsniveau gegenüber der Christaller'schen Darstellung verändert.

Die Funktionsgruppe Z_2 werde sowohl in G-Orten als
auch in allen B-Orten, nicht aber in den K-Orten
und A-Orten angeboten[1]. Folgende räumliche Präferenzfunktion sei für alle Konsumenten im betrachteten
Raum identisch:

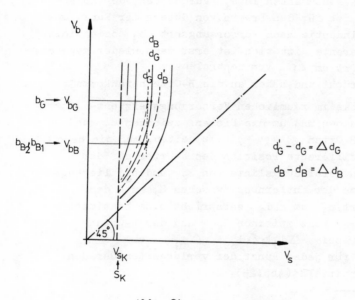

Abb. 24

Im Christaller'schen Modell ist für den Konsumenten,
wohnhaft in einem K-Ort (S_K) eine indifferente Situation gegeben: die örtlichen Versorgungsalternativen,
die beiden B-Orte (b_{B1}, b_{B2}) und der G-Ort (b_G), sind
für den Kauf eines Gutes der Funktionsgruppe Z_2

---

1) Die Buchstaben der Ortstypenbezeichnung entsprechen
dem Christaller'schen Schema

gleich vorteilhaft, da das höhere Versorgungsniveau des G-Ortes (V_{bG}) gegenüber dem
niedrigeren Versorgungsniveau der B-Orte (V_{bB})
im Entscheidungskalkül des Konsumenten kein Kriterium
ist und die Anweisung: Kaufe am nächstmöglichen Ort
wegen der gleichen Distanz keine eindeutige Entscheidung
zuläßt[1]. Wird aber die im Christaller-Modell vorliegende
zentralörtliche Angebotsstruktur in obige Präferenzfunktion (Abb.24) eingegeben, so ist die indifferente
Position des Konsumenten in S_K aufgehoben; der Konsument in S_K ist für den Erwerb von Gütern der Funktionsgruppe Z_2 eindeutig nach Versorgungsort b_G orientiert.
Eine indifferente Situation ist erst dann wieder gegeben,
wenn der K-Ort um $\triangle d_G$ vom zentralen
Ort b_G abrückt und näher an die B-Orte herankommt[2].

Um keine Lücke im räumlichen Versorgungsnetz entstehen zu lassen, und um die Distanz zwischen S_K und
den beiden B-Orten gleich weit zu halten, muß die neue
gesuchte indifferente Position des K-Ortes auf der
verlängerten Verbindungslinie von S_K und b_G liegen.
Jeder Zunahme der Entfernung zwischen S_K und dem
zentralen Ort b_G um $\triangle d_G$ entspricht eine bestimmte
Abnahme der Distanz zwischen S_K und den B-Orten
um $\triangle d_B$, wobei $\triangle d_G > \triangle d_B$. $\triangle d_G$ und $\triangle d_B$
lassen sich für jeden Punkt der verlängerten Geraden
$b_G \longrightarrow S_K$ ermitteln[3] (Abb.25).

---

1) vgl.M.Niclas: Zur Analyse von Verflechtungsbereichen
   zentraler Orte, a.a.O., S.6 ; vgl. auch R.Jochimsen
   und P.Treuner: Zentrale Orte in ländlichen Räumen
   Bad Godesberg, 1967 (Mitteilungen aus dem Institut
   für Raumforschung , Bad Godesberg, H.58), S.85
2) W.A.V.Clark and G.Rushton: Modells of Intra-Urban
   Consumer Behavior...,a.a.O., S.487
3)

$$\triangle d_B = d_B - \sqrt{\triangle d_G^2 + d_B^2 - 2\triangle d_G \cdot d_B \cdot \cos\alpha} \qquad \begin{array}{l} \alpha = 60^0 \\ \cos\alpha = 0,5 \end{array}$$

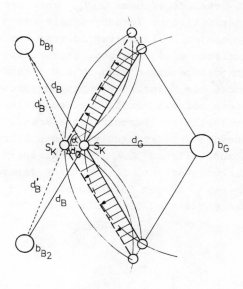

Abb. 25

Unter Beachtung der räumlichen Präferenzfunktion in
Abb.24 und bei Berücksichtigung des Umstandes, daß einem bestimmten $\triangle d_G$ immer ein bestimmtes $\triangle d_B$ entspricht, ergibt sich eine neue indifferente räumliche
Position für den K-Ort. Sie liegt im Schnittpunkt
der Kreisbögen mit den Radien $d_B' = d_B - \triangle d_B$ und
$d_G' = d_G + \triangle d_G$.

Damit ist der Einzugsbereich der B-Orte geschrumpft,
der Einzugsbereich des Versorgungsorts b_G dagegen
hat sich erweitert, d.h. die zentrale Bedeutung der
B-Orte hat abgenommen, während der G-Ort zusätzliche
Nachfrage aus seinem erweiterten Umland auf sich ziehen
kann. Das Versorgungsangebot in den einzelnen Orten
wird sich den neuen Bedingungen entsprechend anpassen;

d.h. das Versorgungsniveau der B-Orte wird um $\triangle V_{bB}$
sinken, bei den G-Orten dagegen um $\triangle V_{bG}$ ansteigen.
Die Veränderung der örtlichen Versorgungsniveaus
stört das bei der ersten Positionsveränderung von
S_K gefundene räumliche Gleichgewicht. Eine zweite
und weitere Positionsänderungen sind in dem ablaufen-
den Anpassungsprozeß die Folge. Der Anpassungsprozeß
weist in der Tendenz auf ein räumliches Gesamtgleich-
gewicht des zentralörtlichen Versorgungsgefüges[1],
da mit der Zunahme des Versorgungsniveaus des G-Ortes
der Nutzen eines zusätzlichen $\triangle V_{bG}$ immer kleiner
wird. Die Verschiebungswerte $\triangle d_G$ entlang der verlängerten Geraden $b_G - S_K$ müssen folglich ebenfalls
kleiner werden und damit auch die Veränderung der
Einzugsbereiche:

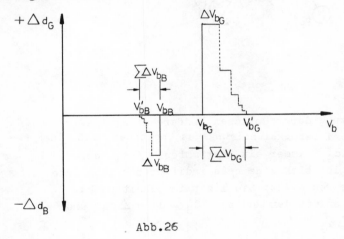

Abb.26

Der Anpassungsprozeß der zentralörtlichen Angebotsstruktur an eine veränderte zentralörtliche Nachfragestruktur läuft für andere Funktionsgruppen in gleicher
Weise ab.

---

1) vgl. R.Vining A Description of Certain Spatial
   Aspects of an Economic System,a.a.O., S.187 f.

Als Resultat ergibt sich auf einer homogenen Fläche
gegenüber dem Christaller'schen Zentralitätsmodell
insgesamt eine Verzerrung des regelmäßigen Musters des
zentralörtlichen Versorgungsgefüges:

- ein stärkeres Gefälle der örtlichen Versorgungspotentiale im Raum[1],
- Expansions- und Kontraktionszonen der Versorgungsbereiche[2].

In Abb. 27 ist das veränderte zentralörtliche Versorgungsgefüge (Veränderung der zentralörtlichen Nachfragestruktur für die höchstrangig in den B-Orten noch
angebotene Funktionsgruppe Z_2 und für die höchstrangig
in den K-Orten noch angebotene Funktionsgruppe Z_1, sowie
die Veränderung der horizontalen zentralörtlichen
Angebotsstruktur der A-, K-, B- und G-Orte) dargestellt:

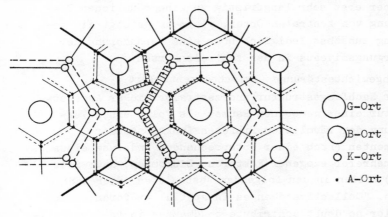

Abb.27

1) vgl.P.D.Marr, Toward a more flexible Equilibrium
   Theory of Service Center Location and Development
   In: The Annals of Regional Science, Vol.3 (1969),
   S.164
2) vgl.R.W.Muncaster: A Modell for Mixed Urban Place
   Hierarchies: An Application to the London, Ontario
   Urban Place Systems. Dissertation University of
   Worcester (Massachusetts), 1972, S.95 f.

7.3   Die Veränderung des Versorgungsgefüges bei Varia-
       tion der räumlichen Präferenzfunktion

7.3.1 Vorbemerkung

Die im vorstehenden Abschnitt dargestellte Veränderung
des zentralörtlichen Versorgungsgefüges als Anpassungsprozeß zwischen zentralörtlicher Nachfragestruktur und
zentralörtlicher Angebotsstruktur hatte als Basis
das Christaller'sche Modell. Die sich ergebenden V$_{er}$-
zerrungen bedeuteten gleichzeitig eine Verlagerung der
optimalen Positionen einzelner zentraler Orte und eine
Veränderung der Versorgungsbereiche, um eine gleich-
gewichtige, den raumbezogenen Präferenzen der Konsumenten entsprechende zentralörtliche Angebotsstruktur
zu gewährleisten. Der Anpassungsprozeß zwischen zentralörtlicher Nachfrage-und Angebotsstruktur führt in der Realität aber erst sehr langfristig zu einer räumlichen Verlagerung von zentralen Orten, vielmehr erfolgt die Anpassung zunächst lediglich über eine Veränderung der
Versorgungsniveaus in den zentralen Orten[1].

Gleichgewichtsstörungen zwischen zentralörtlicher Nachfragestruktur und zentralörtlicher Angebotsstruktur eines gegebenen Raumes als Folge einer Veränderung der räumlichen Präferenzfunktionen der
Konsumenten (nach einer entsprechenden Änderung eines
oder mehrerer exogener Faktoren: Einkommen, Raumwiderstand) sollen in den folgenden Abschnitten untersucht
werden. "Collective changes in spatial preferences and
behavior no doubt contribute to changes in the generali-
zed geometrical organization of cities"[2]. Davon zu
unterscheiden sind Störungen, die aus einer örtlich oder
teilräumlich ungleichgewichtigen Veränderung der genannten

---

1) vgl. F.Schaffer: Prozeßhafte Perspektiven sozialgeo-
   graphischer Stadtforschung...a.a.O., S.205
2) F.E.Horton, D.R.Reynolds: Effects of urban spatial
   structure...a.a.O., S.37

Faktoren (wie beispielsweise aus einem ungleichmäßigen
räumlichen Wachstum des Pro-Kopf-Einkommens oder einer
räumlich differenzierten Senkung des Transportkoeffizienten) resultieren.

Derartige räumlich ungleichmäßige Entwicklungen der
genannten Wirkungsfaktoren sollen zunächst ausgeklammert werden, um den Kern, die allgemeine Veränderung der räumlichen Präferenzfunktion und ihre
Wirkung auf das zentralörtliche Versorgungsgefüge,
d.h. auf zentralörtliche Nachfragestruktur und
zentralörtliche Angebotsstruktur, erkennbar werden
zu lassen.

7.3.2 Variation der räumlichen Präferenzfunktion durch Stauchung

Eine Stauchung der räumlichen Präferenzfunktion hat
eine Verbesserung der relativen Position der vom Wohnort des Konsumenten entfernteren, attraktiveren Versorgungsort gegenüber den nahen, weniger attraktiven zur
Folge[1]. Dies wird für viele Konsumenten bedeuten, daß
ihr bisheriges räumliches Versorgungsverhalten, gemessen
an der veränderten Präferenzfunktion, nicht mehr
optimal ist. Eine darauf folgende Änderung ist umso
wahrscheinlicher, je größer der Nutzenentgang bei Bei-
behaltung des bisherigen Versorgungsverhaltens ist und
je weniger Budgetrestriktionen eine Rolle spielen. Tritt
nach einer Stauchung der räumlichen Präferenzfunktion
eine Änderung in einer räumlichen Versorgungsbeziehung
des Versorgungszyklus ein, so muß der neue Versorgungsort
weiter vom Wohnort entfernt liegen als die bislang wahr-
genommene örtliche Versorgungsalternative.

---

1) vgl. Abschnitt 5.2.2.1

Zudem muß der neue Versorgungsort über ein höheres
Versorgungsniveau als die aufgegebene Alternative
verfügen. Diese deduktiv gewonnene Feststellung stimmt
mit den Untersuchungen G.Barnums überein, der beobach-
tete, "that consumers traveled relatively short distan-
ces to small centers but that the distance which they
traveled to larger centers were a positive function
of the size of these larger centers. Increasing trip
distance to increasingly loger centers can be seen
only of course as the periphery of trade areas expand."[1]
Damit ist die Veränderung der zentralörtlichen Nachfragestruktur, d.h. der tatsächlich im betrachteten Raum vorhandenen Versorgungsbeziehungen,angesprochen   . Die Veränderung der zentralörtlichen Nachfragestruktur ist
in der Umorientierung der Konsumenten zu relativ weiter
entfernten , attraktiveren Orten begründet. Eine
derartige Veränderung in den Versorgungsbeziehungen
verlangt eine entsprechende Anpassung der zentralörtlichen Angebotsstruktur (der horizontalen und vertikalen Gliederung des Versorgungsangebots eines Raumes). Zwischen
veränderter zentralörtlicher Nachfragestruktur und
Angebotsstruktur setzt nunmehr ein kumulativer Anpassungsprozeß in Richtung auf ein neues Gleichgewicht
ein. Gegenüber dem bisherigen bezeichnet ein neuer
Gleichgewichtszustand ein stärker zentralistisch struk-
turiertes Versorgungsgefüge:

(1) das Gefälle zwischen den örtlichen Versorgungs-
    potentialen verschiedener Größe im Raum hat sich
    verstärkt,
(2) die Versorgungsbeziehungen im Raum zeichnen sich
    durch ein höheres Maß an Zentralität aus.

---

1) G.Barnum: Market Centers and Hinterlands in Baden-
   Württemberg, a.a.O., S.100

Eine <u>höhere Zentralität der Versorgungsbeziehungen</u> bedeutet, daß verstärkt entferntere Orte mit einem relativ
höheren Versorgungsniveau bevorzugt werden; d.h. die
Versorgungsbereiche dieser Orte werden größer.

Für die Darstellung des <u>Gefälles zwischen örtlichen</u>
<u>Versorgungpotentialen</u> unterschiedlicher Größe in
einem Raum bietet sich die Zipf'sche "rank -size-rule"[1]
an. Die "rank-size-rule" beschreibt für alle Orte
eines gegebenen Raumes das Verhältnis zwischen dem Rang
eines Ortes und seiner Größe[2]. In den meisten Fällen
wird die Einwohnerzahl eines Ortes als Größenkriterium
herangezogen. Verwendet man stattdessen das Versorgungsniveau eines Ortes als Größenkriterium, so läßt sich
die Rang-Größe-Verteilung von Orten mit unterschiedlichen
Versorgungsniveaus wie folgt ausdrücken:

$$r_b = a \cdot V_b^{-q}$$

r_b = Rang des Ortes b

V_b = Versorgungsniveau des Ortes b

$$\log r_b = \log a - q \cdot \log V_b$$ | a, q = geschätzte Parameter

Durch Umformung erhält man:

$$\log V_b = \frac{\log a}{q} - \frac{1}{q} \log r_b$$

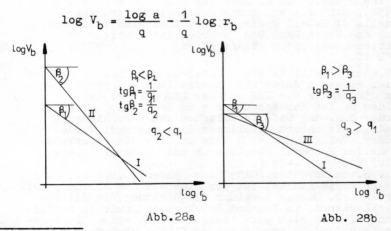

Abb.28a   Abb. 28b

1) vgl.G.K.Zipf: Human Behavior and the Principles of
   Least Effort, Cambridge, 1949
2) vgl.B.J.L. Berry and W.L.Garrison: Alternate Explana-

Abb.28a und 28b zeigen zwei Rang-Größe-Verteilungen
(II und III), die von einer gleichen Ausgangsverteilung
(I) in unterschiedlicher Weise abweichen.

In Abb.28a ist eine Vergrößerung des Gefälles zwischen
verschiedenen örtlichen Versorgungspotentialen zu erkennen, d.h. Orte mit hohem Versorgungsniveau gewinnen
mit wachsendem Rang an Bedeutung, Orte mit sehr niedrigem
Versorgungsniveau verlieren mit abnehmendem Rang sogar
an Bedeutung ($q_2 < q_1$)[1]. Im Gegensatz hierzu
zeigt Abb.28b eine Verringerung des Gefälles zwischen
örtlichen Versorgungspotentialen unterschiedlicher
Größe ($q_3 > q_1$).

Darstellungen von Rang-Größe-Verteilungen dienen in
jedem Fall nur der Beschreibung eines gegebenen Siedlungsgefüges oder seiner Veränderung; man erhält durch
sie keine Erklärung für die Entwicklung des Siedlungsgefüges[2]. Olsson veranschaulicht, daß der Gleichgewichtszustand eines Siedlungssystems mit der "rank-size-rule"
äquivalent ist und daß, "a system of cities obeying the
rank-size-rule is in a state of equilibrium, in which
"entropy"[3] has been maximised"[4].

...tions of Urban Rank-Size Relationships. In: Annals
of the Association of American Geographers, Vol.48
(1958), S.85 f.; vgl.auch: R.L.Davies: Structural
Modells of Retail Distribution. Analogies with Settlement and Urban Land Use Theories.In: Institut of
British Geographers (Transaction) Vol.57 (1972),
S.62 ff.

1) F.T.Moore stellt in einer Untersuchung über Rang-Größe
(hier gemessen durch Einwohnerzahlen) - Verteilungen
von Städten in den USA und der UdSSR fest, daß in
beiden Fällen der Parameter q im Zeitablauf kleiner
wurde; d.h. das Gefälle zwischen den verschiedenen
Städten mit unterschiedlicher Einwohnerzahl wurde
größer. Vgl.F.T.Moore: A Note on City Size Distribu-
tions.In: Economic Development and Cultural Change,
Vol.7 (1959), S.465 f.
2) vgl. E.von Böventer: City Size System...,a.a.O., S.157
3) Das Entropie-Konzept ist vom 2.Gesetz der Thermodynamik
abgeleitet. Dieses bestimmt die Richtung, in die ein
geschlossenes, im Zustand des Ungleichgewichts befind-
liches System sich entwickeln wird, um einen Gleichgewichtszustand zu erreichen: so fließt Wärmeenergie
von heißeren zu kälteren Körpern. Entropie ist der
Maßstab für den Grad des Ausgleichs, der in einem
System erreicht ist; befindet sich das System im

7.3.3 Variation der räumlichen Präferenzfunktion durch Verschiebung des Christaller'schen Bereichs

Orte, deren hohes Versorgungsangebot wegen der begrenzten gewinnbringenden Informationstätigkeit beim Einkauf bislang nicht voll ausgenutzt werden konnte, erreichen nach einer Verschiebung des Christaller'schen Bereichs der räumlichen Präferenzfunktion nach oben eine Verbesserung ihrer relativen Position gegenüber den Orten mit einem kleineren Versorgungsniveau, die bereits zuvor außerhalb dieses Bereichs (Abb. 23: unterhalb C_1) von der Präferenzfunktion erfaßt wurden[1].

Veränderungen im räumlichen Versorgungsverhalten beim Konsumenten, welche auf die genannte Verschiebung des Christaller'schen Bereichs zurückzuführen sind, beinhalten in der Tendenz eine Veränderung der Versorgungsbeziehungen zugunsten der Orte mit einem relativ hohen Versorgungsangebot. Da damit auch die bei Einkaufsfahrten zurückgelegten Entfernungen größer werden, bedeutet dies, daß die Versorgungsbeziehungen im Raum sich insgesamt durch ein höheres Maß an Zentralität auszeichnen. Daneben wird der jetzt notwendige Anpassungsprozeß zwischen veränderter zentralörtlicher Nachfragestruktur und zentralörtlicher Angebotsstruktur - wie nach einer Stauchung der räumlichen Präferenzfunktion - zu einer Vergrößerung des Gefälles zwischen den örtlichen Versorgungspotentialen im Raum führen.

...gleichgewichtigen Zustand, so ist die Entropie maximiert. Vgl.G.Olsson: Central-PlaceSystems, a.a.O., S.32 ff.

4) G.Olsson: Central Plan Systems, Spatial Interaction and Stochastic Processes, a.a.O., S.35

1) vgl. Abschnitt 5.2.2.2

7.3.4 Die Wirkungsrichtung der exogenen Faktoren

Eine Variation der räumlichen Präferenzfunktion
in Form:

- einer Verschiebung des Christaller'schen Bereichs
  auf ein abzissenferneres Niveau oder

- einer Stauchung der Indifferenzkurvenbündel

besitzt für alle darauf folgenden Veränderungen in den
räumlichen Versorgungsbeziehungen   die gleiche
Tendenz :

Es wird ein Anpassungsprozeß zwischen veränderter
zentralörtlicher Nachfragestruktur und zentralörtlicher Angebotsstruktur ausgelöst, der auf ein neues,
gleichgewichtiges, zentralörtliches Versorgungsgefüge
zielt, für das - gegenüber dem früheren Zustand -
gilt:

- stärkeres Gefälle zwischen den im Raum verteilten
  örtlichen Versorgungspotentialen unterschiedlicher
  Größe,
- stärker zentral ausgerichtete Versorgungsorientierung, größere Aktionsreichweiten.

Eine Variation der Präferenzfunktion in Form:
- einer Senkung des Christaller'schen Bereichs oder
- einer Dehnung der Indifferenzkurvenbündel
weist in die entgegengesetzte Richtung. Es wird sich
ein zentralörtliches Versorgungsgefüge ergeben, für
das gilt:

- relativ kleineres Gefälle zwischen den örtlichen
  Versorgungspotentialen,
- relativ höheres Maß an Dispersität in der räumlichen
  Versorgungsorientierung, kleinere Aktionsreichweiten.

In Anlehnung an Abschnitt 5.2.1 läßt sich jetzt
die Wirkungsrichtung der für die Veränderung des
zentralörtlichen Versorgungsgefüges verantwortlichen
Faktoren (Einkommen, äußerer Raumwiderstand, innerer
Raumwiderstand) bestimmen. Die Einzelwirkungen dieser
Faktoren auf das zentralörtliche Versorgungsgefüge -
bei Konstanz aller übrigen Faktoren - sind in folgender Tabelle wiedergegeben:

Entwicklung d. zentral-örtl. Versorgungsgefüges / Veränderung d. exogenen Faktoren		Gefälle zw. örtlichen Versorgungspotentialen		räumliche Orientierung d. Versorgungsnachfrage	
		wird größer	wird kleiner	wird stärker zentral	wird stärker dispers
Einkommen	Zunahme	X		X	
	Abnahme		X		X
äußerer Raumwiderstand	Zunahme		X		X
	Abnahme	X		X	
innerer Raumwiderstand	Zunahme		X		X
	Abnahme	X		X	

Tabelle 8   X= zutreffend

Zusammenfassend seien noch einmal in einer System-
übersicht die Bestimmungsgrößen für das räumliche
Versorgungsverhalten des Konsumenten (Orientierung
der Nachfrage und Aktionsreichweiten) sowie der
wesentliche Zusammenhang zwischen einer Veränderung
der exogenen Faktoren und der Veränderung der
zentralörtlichen Angebotsstruktur dargestellt:

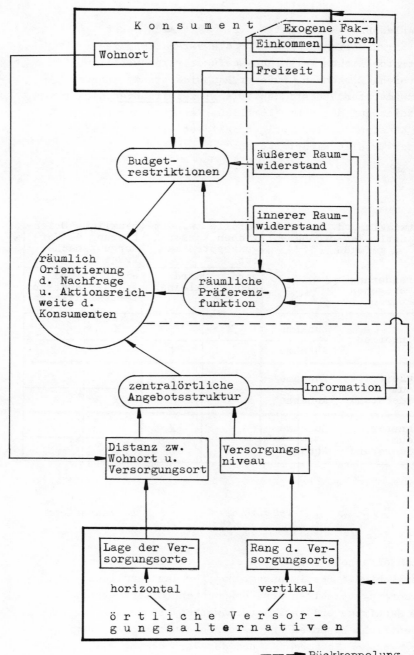

Abb.29

--------▶ Rückkoppelung
(Entwicklung d. im
Raum verteilten örtl.
Versorgungsalternati-
ven als Reaktion)

In den vergangenen Jahren ist in den entwickelten west-
lichen Volkswirtschaften ein mehr oder weniger starkes
Wachstum des verfügbaren Pro-Kopf-Einkommens zu verzeichnen; daneben ist durch eine allgemeine Verbesserung
der verkehrsmäßigen Infrastruktur (Ausbau des Straßen-
netzes und des öffentlichen Verkehrswesens) sowie durch
zunehmenden privaten Kfz-Besitz eine Senkung des
äußeren Raumwiderstands festzustellen. Nach den theoretischen Ableitungen, die in dieser Arbeit vorgenommen
wurden, müßte sich aufgrund einer derartig gerichteten
Faktoränderung über eine entsprechende Veränderung
der räumlichen Präferenzfunktion (Stauchung, Verschiebung des Christaller'schen Bereichs) die in Tabelle 8
ablesbare Entwicklung des zentralörtlichen Versorgungsgefüges ergeben haben (größeres Gefälle der örtlichen
Versorgungsangebote, stärker zentralistische Orientierung der Versorgungsnachfrage).

Untersuchungen in mehreren Ländern bestätigen in der
Tat diese theoretisch begründete Tendenz. B.J.L.Berry
beschreibt den Anpassungsprozeß zwischen veränderter
Versorgungsorientierung und zentralörtlicher Angebotsstruktur so: "Links of higher level centers to lager
places, because of improved transport, reduced the
price and improve the variety of goods available; in-
creased trade permitted further differentation and
spezialization, and decreasing activity put the lower-
level centers in cumulatively less competitive situations. Schedules wer reduced, and finally the lowest-level
markets closed."[1] Speziell für die USA stellt Berry
fest, daß "before 1930 hamlets with population of
100 oder less were declining; thereafter, as centraliza-
tion of functions in higher levels of the hierarchy

---

1) B.J.L.Berry: Geography of Market Centers and Retail
   Distribution, a.a.O., S.114: diese Feststellung bezieht sich auf eine Untersuchung von G.W.Skinner:
   Marketing and Structure in Rural China. In: Journal
   of Asian Studies, Vol.34 (1964)

progressed, the general decline embraced villages
with populations of less than 500. Today, the towns
are moribund or declining, and all smaller central
places continue to decline...". "The net result has
been both differential growth in importance of
centers and selective thinning of central place
patterns."[1]

In seiner Untersuchung über die Entwicklung kleiner
Versorgungsorte (zwischen 1941 u.1961) in Saskatchewan
(Kanada) macht G.Hodge die Beobachtung eines Rückgangs
der zentralen Bedeutung dieser Orte,[2] insbesondere
in nächster Nähe von Versorgungsorten mit einem hohen
Versorgungsniveau[3]. Eine im Zeitablauf stärker zentralistisch ausgerichtete Versorgungsorientierung mit größeren
Aktionsreichweiten der Konsumenten (v.a.für
höherrangige Funktionsgruppen: Schuhe, Kleidung etc.)
stellt H.G.Barnum im Raum Heilbronn fest[4]. Barnum führt
die festgestellten Tendenzen in der Konsumentenwan-
derung auf eine zunehmende Bevorzugung höherer örtlicher
Versorgungsniveaus und auf eine Verbesserung der Ver-
kehrsverhältnisse zurück, wobei letzteres den geringeren
Einfluß ausübt[5].

1) B.J.L.Berry: Geography of Market Centers and Retail
   Distribution, a.a.O., S.115, vgl.auch S.116f.:
   Table 6.1,6.2,6.3
2) vgl. G.Hodge: The Prediction of Trade Center Viability
   in the Great Plains. In: Papers of the Regional Science
   Association, Vol.15 (1965), S.107 ff.
3) vgl. ebenda, S.110. So auch K.R.Cox: "Areas surroun-
   ding the major cities, therefore, have shown a much
   greater depletion of their smaller retailing centers
   than have areas more remote from such larger, attractive
   centers." K.R.Cox: Man, Location and Behavior...,
   a.a.O., S.215
4) vgl. H.G.Barnum: Marker Centers and Hinterlands in
   Baden-Württemberg, a.a.O., S.48 ff., insbesondere
   Fig. 14-37
5) vgl. H.G.Barnum, ebenda, S.83 und 102 f.

7.4 Die Veränderung des Versorgungsgefüges bei einer
      räumlich ungleichförmigen Entwicklung der exogenen
      Faktoren

7.4.1 Die räumlich ungleichförmige Entwicklung des
      Einkommens

Die durch eine scharfe Indifferenzlinie voneinander
getrennten zentralörtlichen Versorgungsbereiche (vgl.
das modifizierte Christaller-Modell in Abb.27) sind
nur denkbar unter der Prämisse einer gleichen personellen Einkommensverteilung ; sie ist eine notwendige
Voraussetzung, wenn für alle Konsumenten die gleiche
räumliche Präferenzfunktion gelten soll. Wird diese
Prämisse aufgegeben, d.h. wenn es möglich ist, daß
am selben Ort Konsumenten mit unterschiedlich hohen
Einkommen wohnen, so sind auch unterschiedliche Präferenzfunktionen möglich und mithin für Konsumenten
desselben Ortes auch ein unterschiedliches räumliches Versorgungsverhalten : während Konsumenten mit einem relativ niedrigen Einkommen noch einen näheren, weniger
gut ausgestatteten Versorgungsort bevorzugen, frequen-
tieren die Bezieher relativ höherer Einkommen möglicher-
weise bereits einen entfernteren, aber besser mit zentralen Einrichtungen versehenen Ort für den Erwerb
von Gütern einer oder mehrerer Funktionsgruppen.
Die Indifferenzlinie zur Abgrenzung der Versorgungsbereiche zwischen zentralen Orten bzgl. einer bestimmten Funktionsgruppe zentraler Güter muß folglich
abgelöst werden durch die Vorstellung von einem In-
differenzband[1].

---

1) vgl. die Ableitung von "Grenzgürteln" bei: D.Meinke:
   Das Gravitations- und Potentialkonzept als Abgren-
   zungsmethode großstädtischer Einflußbereiche,in:
   Zeitschrift für Nationalökonomie, Bd.31 (1971),
   S.466 f.; vgl. auch M.Niclas: Zur Analyse von Ver-
   flechtungsbereichen zentraler Orte,a.a.O., S.57
   vgl. auch G.Rowley: Central Places in Rural Wales,
   A Study of Consumer Behavior, a.a.O., S.545

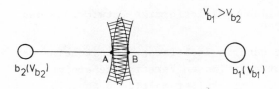

Abb. 30

Innerhalb des Indifferenzbandes ist eine eindeutige
Zuordnung der Nachfrage nach zentralen Gütern der
betrachteten Funktionsgruppe zu einem bestimmten
Versorgungsort nicht möglich[1]. Die Richtung der
Nachfrage ist - ceteris paribus - abhängig vom Einkommen des betreffenden Konsumenten: in Abb.30 be-
finden sich die Konsumenten A und B in einer jeweils
indifferenten Situation; Konsument A verfüge über
das höchste Einkommen und Konsument B über das niedrig-
ste Einkommen im betrachteten Raum. Die indifferenten
Standorte für alle Konsumenten mit einem Einkommen
größer als das von B und kleiner als jenes von A
liegen folglich zwischen den Standorten von A und B.
Die Streubreite der personellen Einkommensverteilung
bedingt damit - ceteris paribus - die Breite des Indifferenzbandes zwischen Versorgungsort b_1 und b_2.

---

1) vgl. G.Kluczka: Südliches Westfalen..., a.a.O.,
   S.5

Die in Abschnitt 7.3 dargestellte Entwicklung der
örtlichen Versorgungspotentiale (örtl.Versorgungsanbe-
bote) - nach einem Wachstum des verfügbaren Ein-
kommens-wurde abgeleitet unter der Annahme einer
örtlich gleichmäßigen Entwicklung des Pro-Kopf-
Einkommens. Wird diese Annahme fallengelassen, so
ändert sich an den Ableitungen in Abschnitt 7.3 nichts
Prinzipielles.

Bei einem räumlich differenzierten Wachstum des Pro-
Kopf-Einkommens werden lediglich die bei einer Einkommenserhöhung allgemein festgestellte Tendenz
einer stärker zentral orientierten Versorgungsnachfrage und die Vergrößerung des Gefälles zwischen
örtlichen Versorgungspotentialen in den einzelnen
Teilräumen ein unterschiedliches Ausmaß aufweisen.

Eine weitere Möglichkeit, die von der Modellstellung
in Abschnitt 7.3 nicht erfaßt wird, ist die ungleichförmige räumliche Entwicklung des Einkommens (ungleichförmige Entwicklung der örtlichen Kaufkraftpoten-
tiale) aufgrund von örtlich unterschiedlichen Veränderungen der Beschäftigung im sekundären Bereich[1].
Die Orientierung des örtlichen oder teilräumlichen
Zuwachses an sekundärer Beschäftigung kann in der Tendenz entweder zentral (Agglomerationstendenz)[2] oder
dispers (Deglomerationstendenz) ausgerichtet sein. Ein
dispers ausgerichteter Zuwachs an sekundärer Beschäftigung würde den agglomerativen Tendenzen der in Abschnitt 7.3 dargestellten Entwicklung des zentralörtlichen

---

1) Als sekundärer Bereich ist nach dem Gliederungsschema
   der amtlichen Statistik das "produzierende Gewerbe"
   zu verstehen.
2) Zum Begriff der Agglomeration und des Agglomerations-
   index der Beschäftigung vgl. H.W.von Borries:
   Ökonomische Grundlagen der westdeutschen Siedlungsstruktur, Hannover 1969, S.5 und S.9

Versorgungsgefüges (z.B. infolge eines allgemeinen
Einkommenswachstums) entgegenwirken. In der Vergangenheit hat aber die örtliche Entwicklung der sekundären
Beschäftigung im Gegenteil einen Verstärkereffekt für
die agglomerative Tendenz im tertiären Bereich aus-
geübt, da die Leistungen des tertiären Bereichs als
ortsgebundene Standortfaktoren in ihrer räumlichen
Verteilung mehr und mehr eine der entscheidenden Komponenten der regionalen Industriestruktur geworden
sind. Die betrieblichen Standortfaktoren, die sich
in der einzelwirtschaftlichen Kostenrechnung nieder-
schlagen, sowie die Strukturfaktoren, d.h. der wirtschaftliche Einfluß der überkommenen Wirtschaftsstruktur
sind demgegenüber in ihrer Bedeutung relativ zurück-
gegangen[1].

---

1) vgl. Jahresgutachten 1965 des Sachverständigenrates
zur Begutachtung der gesamtwirtschaftlichen Entwicklung.
In: Verhandlungen des Deutschen Bundestages, 5.Wahl-
periode, Bundestagsdrucksache v/123 v.15.Dez.1965
Auch v.Borries stellt fest, daß bei den meisten Wirt-
schaftszweigen des Grundleistungssektors, auch bei
den Wachstumsindustrien, spezielle Standortfaktoren
die Entscheidungsmöglichkeiten in der Standortwahl
nicht wesentlich einschränken. Es ist aber eine
Tendenz zu städtischen Agglomerationen als generell
günstige und bevorzugte Produktionsstandorte festzustellen. Vgl.H.W.von Borries: Ökonomische Grundlagen
der westdeutschen Siedlungsstruktur, a.a.O., S.142 f.
P.Klemmer kommt in einer faktorenanalytischen Untersuchung des Metropolisierungsgrades der Stadtregionen
zu dem Resultat, daß das "Verstädterungsphänomen in
starkem Maße durch die lokale Häufung zentraler Einrichtungen, d.h. durch die Zentralitäts- und Nodali-
tätsfunktion dieser Verdichtungsräume bestimmt wird."
P.Klemmer: Der Metropolisierungsgrad der Stadtregionen,
Hannover 1971, S.52; vgl. auch E.L.Ullmann: A Theory
of Location of Cities In: American Journal of Sociology,
Vol.46 (1941), S.864

7.4.2 Die räumlich ungleiche Veränderung des äußeren Raumwiderstands

Der Ausbau der verkehrsmäßigen Infrastruktur (Straßennetz, öffentliches Verkehrswesen etc.) eines Raumes begünstigt nicht alle Raumpunkte in gleichem Maße. Dementsprechend verändert sich die räumliche Präferenzfunktion eines Konsumenten je nach den Bedingungen, die für die verkehrsmäßige Infrastruktur in der Umgebung seines Wohnortes gelten, unterschiedlich stark.

Die in Abschnitt 7.3 dargelegten Tendenzen einer Veränderung des räumlichen Versorgungsgefüges nach einer allgemeinen Senkung des räumlichen Widerstands sind folglich für einzelne Orte und Teilräume von unterschiedlicher Bedeutung in Abhängigkeit vom Zuwachs an verkehrsmäßiger Erschließung. S.Klatt kommt in seiner Untersuchung zu dem Schluß, daß der Zusammenhang zwischen Ortsgröße und Verkehrserschließung in der Bundesrepublik zwar bemerkenswert sei, man aber nicht sagen könne, daß er besonders eng wäre. Bei den deutschen Kleinstädten (bis zu einer Einwohnerzahl von 20 000 Einwohnern) schließlich, kann ein deutlicher Zusammenhang zwischen Ortsgröße und Verkehrserschließung nicht festgestellt werden [1].

7.4.3 Die örtlich ungleiche Veränderung des inneren Raumwiderstands

Bei der Ableitung der Attraktivitätsfunktion[2] wurde angenommen, daß der Verlauf der Informationskostenkurve für alle Orte, gleich welches Versorgungsniveau sie besitzen, identisch ist. Bei Orten mit verschiedenen Ver-

---

1) vgl. S.Klatt: Ortsgröße und Verkehrsqualität, In: Industrie und zentrale Orte, Forschungsberichte des Ausschusses "Raum und Gewerbliche Wirtschaft" der Akademie für Raumforschung und Landesplanung, Forschungs- und Sitzungsberichte, Bd.49 (1969), S.44
2) vgl. Abschnitt 3.2.1.3

sorgungsniveaus ist jedoch in der Realität eine unterschiedliche räumliche Verteilung der einzelnen rangspezifischen zentralen Einrichtungen festzustellen; d.h. im
Geschäftszentrum eines größeren zentralen Ortes ist in
der Regel die Dichte der Besetzung mit zentralen Einrichtungen größer als in kleineren Orten[1]. Eine größere
Dichte von zentralen Einrichtungen bedeutet aber gleichzeitig einen geringeren Aufwand bei der Informationssuche. So besitzt beispielsweise das in einem größeren
zentralen Ort vorhandene Kaufhaus auf engem Raum verschiedene "zentrale Einrichtungen" (Kaufhausabteilungen) ne-
ben- und zumeist in mehreren Stockwerken übereinander.
Bei zu tätigenden vertikalen Kopplungskäufen bedeutet
diese große räumliche Dichte von Angeboten in unterschiedlichen Funktionsgruppen einen entsprechend geringeren
Informationsaufwand.

Daraus folgt, daß die Attraktivitätsfunktion (d.h. die
Bewertung einzelner örtlicher Versorgungsangebote bzgl.
des Erwerbs von zentralen Gütern verschiedener Funktionsgruppen) mit wachsendem Versorgungsniveau einen
steileren Verlauf besitzt ,als in Abschnitt 3.2.1.3
angenommen. Diese Erkenntnis beeinflußt die in Abschnitt
7.3 gefundenen Ergebnisse aber nicht prinzipiell. Es
kann lediglich festgestellt werden, daß der durch eine
Störung des Gleichgewichts (z.B. nach einer Einkommenserhöhung) zwischen zentralörtlicher Nachfragestruktur
und zentralörtlicher Angebotsstruktur einsetzende Anpassungsprozeß in seiner Intensität verschärft wird,
da der jeweilige Zuwachs des Versorgungsangebotes eines
Ortes eine höhere Bewertung als ursprünglich angenommen
erfährt; d.h. die Tendenz zu einem stärker zentral und
agglomerativ ausgerichteten räumlichen Versorgungsgefüge wird verstärkt.

1) vgl. U.Müller und J.Neidhardt: Einkaufsorientierung
   als Kriterium...,a.a.O., S.99

8. Abschließende Betrachtung und Ergänzung der Ergebnisse

In der vorliegenden Untersuchung konnten soziale oder gar psychische Aspekte des räumlichen Versorgungsverhaltens nicht berücksichtigt werden. Es soll jedoch nicht verkannt werden, daß soziale Faktoren wie Alter, Familienstand, Ausbildung etc. in der Realität die vorstehend dargestellte Wirkung des ökonomischen Faktors Einkommen auf das räumliche Versorgungsverhalten des Konsumenten beeinflussen können.

Die vorgenommenen Ableitungen verlangen außerdem rational handelnde Wirtschaftssubjekte. Irrationale Handlungen sind aber in der Realität nicht auszuschließen. So ist z.B. als Folge von traditionellen politischen und religiösen Zusammengehörigkeiten auch für die materielle Bedarfsdeckung in einigen Fällen ein Gewohnheitsverhalten festzustellen, welches althergebrachte örtliche Versorgungsvarianten den "objektiv" bestmöglichen vorzieht[1].

Die aufgezeigte Entwicklung des zentralörtlichen Versorgungsgefüges stellt nur einen Teilkomplex der Entwicklung des Siedlungsgefüges dar. Es wurde versucht, die wesentlichen Aspekte des raumabhängigen und gleichzeitig raumwirksamen Verhaltens des Konsumenten bei der individuellen materiellen Bedarfsdeckung herauszuarbeiten. Die materielle Bedarfsdeckung ist jedoch nur ein, wenn auch ein sehr wichtiger Bereich, welcher für die Herausbildung wesentlicher struktureller Sied-

---

1) vgl.C.Borcherdt: Untersuchungen über zentrale Orte im Saarland und in Nord-Württemberg. In: Zentralörtliche Funktionen in Verdichtungsräumen. Veröffentlichungen der Akademie für Raumforschung und Landesplanung. Forschungs- und Sitzungsberichte, Bd.72, Raum und Siedlung 1, 1972, S.172 f.

lungselemente eines Raums verantwortlich ist. Es wurde
bereits einleitend darauf hingewiesen, daß daneben
andere Bereiche wie die soziale Aktivität, die kulturelle
und bildungsmäßige Aktivität sowie die Aktivität zur Einkommensbildung (Beschäftigung) für die Entwicklung der
Siedlungskörper - mit ihren vielfältigen Einrichtungen
zur Befriedigung der in den verschiedenen Aktivitäten
zum Ausdruck kommenden Bedürfnisse - mitverantwortlich
sind.

Zwischen der räumlichen Orientierung der einzelnen Aktivitäten des Menschen existieren ebenso wie zwischen
der Entwicklung der einzelnen Gruppierungen von Einrichtungen (zentrale Versorgungseinrichtungen, soziale
Einrichtungen, Bildungseinrichtungen, kulturelle Einrichtungen, Betriebe etc.), die den verschiedenen Aktivitäten zuzuordnen sind, Querverbindungen. Für die
Entwicklung des zentralörtlichen Versorgungsgefüges
besonders wichtig ist die Querverbindung zum Bereich
der Einkommensbildung außerhalb der zentralen Versorgungseinrichtungen, und hier insbesondere zur Einkommensbildung im sekundären Wirtschaftssektor. Die
differenzierte örtliche und teilräumliche Einkommensbildung in diesem Bereich kann die gefundenen Entwick-
lungstendenzen des zentralörtlichen Versorgungsgefüges
nachhaltig verstärken, aber auch gegenläufig beeinflussen. Dieser Aspekt wurde in den vorstehenden Ausführungen nur in aller Kürze aufgezeigt. Für eine gezielte
Regionalpolitik hinsichtlich der zentralörtlichen Versorgung
der Bevölkerung eines Raums ist er jedoch ein wesentlicher Ansatzpunkt.

Es ist ein Grundsatz der Raumordnung der BRD,
"räumliche Strukturen mit gesunden Lebens- und Arbeits-
bedingungen sowie ausgewogenen wirtschaftlichen,
sozialen und kulturellen Verhältnissen zu erhalten, zu

verbessern oder zu schaffen..."[1]. Dieser Grundsatz bewog
die Bundesregierung insbesondere für zurückgebliebene,
zumeist ländliche Räume eine Verbesserung der zentralörtlichen Versorgung durch den Ausbau von Orten mit
bereits vorhandenen zentralen Funktionen oder durch
die Entwicklung neuer Orte zu fördern[2]. Diese För-
derungskonzeption bezieht sich v.a. auf die Grundaus-
stattung mit zentralen Einrichtungen und damit gerade
auf die unteren Stufen des zentralörtlichen Systems, die
hinsichtlich der materiellen Bedarfsdeckung bei wachsendem
Pro-Kopf-Einkommen und Senkung der räumlichen Widerstände im Zeitablauf von einer weiteren Auszehrung bedroht
sind.

Die Auszehrung des materiellen Versorgungsangebots
in den kleineren Versorgungsorten läßt sich (nach den
hier gewonnenen Erkenntnissen) nur durch ein Wachstum
des Versorgungsniveaus dieser Orte vermeiden. Nur
durch eine Erhöhung ihres Versorgungsangebots können
die kleineren und teilweise auch die mittleren Versorgungsorte (in der Nähe von Versorgungsorten mit sehr
hohem Versorgungsniveau) ihre Position behaupten. Ohne
Wachstum werden in einem Anpassungsprozeß
örtliches Versorgungsangebot und örtlicher Versorgungsbereich nach und nach kleiner. Ein Wachstum örtlicher
Versorgungsniveaus ist aber andererseits nur möglich,
wenn die entsprechenden Umsätze in den zentralen Versorgungseinrichtungen des Ortes vorhanden sind, d.h.
wenn die Nachfrage entsprechend wächst. Dies beinhaltet
die Notwendigkeit einer Zunahme der Zahl einkommen -
beziehender Konsumenten im bisherigen Versorgungsbereich

---

1) Bundes-Raumordnungsgesetz v.8.4.1965, § 2, Abs.(1),2.
2) vgl.Raumordnungsbericht der Bundesregierung 1968
   Dt.Bundestag, 5.Wahlperiode, Drucksache V/3958

des zentralen Ortes. Die zusätzliche örtliche oder
teilräumliche, Einkommensbildung muß jedoch außerhalb
der zentralen Versorgungseinrichtungen erfolgen, d.h.
vornehmlich im sekundären Bereich.

Für regionalpolitische Maßnahmen zur Erreichung einer
ausgewogenen zentralörtlichen Versorgung kann diese
Erkenntnis nicht unbeachtet bleiben. Eine Förderung des
Ausbaus zentraler Funktionen in den unteren Stufen
des zentralörtlichen Systems würde ohne begleitende
Maßnahmen zur Förderung der Arbeitsplätze v.a. im
sekundären Bereich in oder in der näheren Umgebung
dieser Orte eine Stabilisierung des angehobenen Niveaus
der Versorgung nicht erreichen.

Die gezielte Förderung der sekundären Beschäftigung
dürfte sich dabei als die wichtigere Aufgabe heraus-
stellen, da eine unkontrollierte Entwicklung dieses
Bereichs - darauf wurde hingewiesen - eine agglomerative
Tendenz aufweist; d.h. es werden Orte mit bereits hohem
Versorgungsniveau begünstigt.

Über die Qualität der staatlichen Intervention zur Ge-
währleistung eines ausgewogenen Siedlungsgefüges kann
mit H. W. von Borries festgestellt werden: "Marktkonforme
Raumordnung kann auch darin bestehen, daß durch staatliche Intervention bestimmte marktwirtschaftliche Prozesse vorweggenommen, beschleunigt oder in eine bestimmte Richtung unter mehreren möglichen Richtungen gelenkt
werden. Darin liegt die Chance, mittels Raumordnung außer-
ökonomische Zielsetzungen zu verfolgen und die histo-
risch (d.h. auch ökonomisch) bewährte Siedlungsstruktur
umzugestalten, ohne die ökonomische Rationali-

tät des Ordnungssystems der räumlichen Wirtschaft
anzutasten. Wo andererseits staatliche Interven-
tionen ohne Rücksicht auf ökonomische Gesetzmäßigkeiten und aus rein außerökonomischen Zielsetzungen
heraus erfolgt sind, da entstanden gewöhnlich labile
Strukturen."[1]

---

1) H.W.von Borries: Ökonomische Grundlagen der
   westdeutschen Siedlungsstruktur, a.a.O., S.144

Literaturverzeichnis

Abler,R.,   Adams, J.S. and Gould,P.:
Spatial Organization. The Geographer's View
of the World, Englewood Cliffs, New Yerses,
1972

Allen, R.G.D.: Macro-Economic-Theory. A Mathematical
Treatment, London, Melbourne, Toronto, 1968

Bacon,R.W.: An Approach to the Theory of Consumer Shopping
Behaviour. In: Urban Studies, Vol.8 (1971)
S.55-64

Barnum,H.G.: Market Centers and Hinterlands in Baden-
Württemberg, Chicago 1966

Baumol,W. and Ide, E.: Variety in Retailing. In: Management Science, Vol.3 (1956), S.93-101

Berry, B.J.L.: Die wechselseitige Abhängigkeit zwischen
Bewegungen im Raum und räumlichen Strukturen.
Zur Grundlegung einer allgemeinen Feldtheorie.
In: Geographische Zeitschrift, Bd.59, (1971),
S.82-100

Berry, B.J.L.: Geography of Market Centers and Retail
Distribution, Englewood Cliffs, 1967

Berry, B.J.L., Barnum,H.G. and Tennant,R.T.:
Retail Location and Consumer Behavior. In:
Papers and Proceedings of the Regional Science
Association, Vol.9 (1962), S.65-106

Berry, B.J.L. and Garrison,W.L.: Alternate Explanations
of Urban Rank-Size Relationships. In:
Annals of the Association of American Geographers,
Vol.48 (1958), S.83-91

Berry, B.J.L. and Garrison,W.L.: A Note on Central Place
Theory, and the Range of a Good. In: Economic
Geography, Vol.34 (1958), S.304-311

Berry,B.J.L. and Garrison, W.L.: The Functional Bases of
the Central Place Hierarchy. In: Economic
Geography, Vol.34 (1958), S.145-154

Berry,B.J.L. and Pred, A.: Central Place Studies - A Bibliography of Theory and Applications, Biblio-
graphy Series Number One, Regional Science
Research,Institute, Philadelphia, 1965

Bobek,H.:   Über den Einbau der sozialgeographischen
Betrachtungsweise in der Kulturgeographie.
In: Verhandlungen des Deutschen Geographen-
tages, 33 (Köln 1961), Wiesbaden 1962,
S.148-165

Bökemann,D.: Das innerstädtische Zentralitätsgefüge,
dargestellt am Beispiel der Stadt Karlsruhe.
In: Karlsruher Studien zur Regionalwissenschaft, Heft 1 (1967)

Bökemann,D.: Zur Einführung des Zeitfaktors in die Theorie
der zentralen Orte. In: Archiv für Kommunal-
wissenschaft, Bd.8 (1969), S.68-90

Boesler,K.A.: Infrastrukturpolitik und Dynamik der
zentralen Orte. In: Aktuelle Probleme der
geographischen Forschung, J.H.Schultze-Fest-
schrift = Abhandlungen des ersten Geographischen Instituts der Freien Universität Berlin,
Bd.13 (1970), S.311-322

Boesler, K.A.: Zum Problem der quantitativen Erfassung
städtischer Funktionen. In: Proceedings of
the IGU-Symposium in Urban Geography, Lund
1960 (Hrsg.: K.Norborg), Lund 1962, S.145-155

Böventer,E. von: City Size System: Theoretical Issues,
Empirical Regularities and Planning Guides.
In: Urban Studies, Vol.10 (1973), S.145-162

Böventer,E. von: Die Struktur der Landschaft. Versuch einer
Synthese und Weiterentwicklung der Modelle
J.H.von Thünens, W.Christallers und A.Löschs.
In: E.Schneider (Hrsg.): Optimales Wachstum
und Optimale Standortverteilung, Schriften
des Vereins für Sozialpolitik, Bd.27 (1962),
S.77-133

Borcherdt,Ch.: Untersuchungen über zentrale Orte im
Saarland und in Nord Württemberg. In: Zentralörtliche Funktionen in Verdichtungsräumen,
Veröffentlichungen der Akademie für Raumforschung und Landesplanung, Forschungs-
und Sitzungsberichte, Bd.72, S.163-175

Borcherdt,Ch.: Versorgungsorte und zentralörtliche Bereiche
im Saarland. In: Geographische Rundschau,
Bd.25 (1973), S.48-54

Borcherdt,Ch.: Zentrale Orte und zentralörtliche Bereiche.
In: Geographische Rundschau, Bd.22 (1970),
S.473-483

Borries,H.W.,von: Ökonomische Grundlagen der westdeutschen Siedlungsstruktur, Hannover 1969

Boustedt,O.: Die zentralen Orte und ihre Einflußbereiche.
Eine empirische Untersuchung über die Größe
und Struktur zentralörtlicher Einflußbereiche.
In: Proceedings of the IGU-Symposium in
Urban Geography, Lund 1960 (Hrsg.: K.Norborg),
Lund 1962, S.201-226

Carter, H.: Structure and Scale in the City System.
In: M.Chisholm and B.Rodgers (Hrsg.):
Studies in Human Geography, London, 1973,
S.172-202

Chapin,F.S.: Activity Systems and Urban Structure. A Wor-
king Schema. In: Journal of the American
Institute of Planners, Vol.34 (1968) S.11-18

Christaller,W.: Die zentralen Orte in Süddeutschland.
Eine ökonomisch-geographische Untersuchung
über die Gesetzmäßigkeiten der Verbreitung
und Entwicklung der Siedlungen mit städtischen
Funktionen, 2.Aufl., Darmstadt 1968 (1.Aufl.
Jena 1933)

Clark,W.A.V.: Consumer Travel Patterns and the Concept of
Range. In: Annals of the Association of
American Geographers, Vol.58 (1968), S.386-396

Clark,W.A.V. and Rushton,G.: Modells of Intra-Urban
Consumer Behavior and their Implications for
Central Place Theory. In: Economic Geography,
Vol. 46 (1970), S.486-497

Cox, K.R.: Man, Location and Behavior: An Introduction
to Human Geography, New York, London, Sydney,
Toronto, 1972

Cunningham, S.M.: The Major Dimension of Perceived Risk.
In: D.F.Cox (Hrsg.): Riske Taking and Information Handling in Consumer Behavior, Boston,
1967, S.507 ff.

Davies,R.L.: Effects of Consumer Income Differences on
Shopping Movement. In: Tijdschrift voor
Economische en Sociale Geografie, 60 (1969),
S.111-121

Davies, R.L.: Structural Modells of Retail Distribution.
Analogies with Settlement and Urban Land Use
Theories. In: Institute of British Geographers
(Transaction), Vol.57 (1972), S.59-82

Davis, R.:   The Location of Service Activities. In:
                 M.Chisholm and B.Rodgers (Hrsg.): Studies
                 in Human Geography, London 1973, S.125-171

Day, R.A.:   Consumer Shopping Behaviour in a Planned
                 Urban Environment. In: Tijdschrift voor Eco-
                 nomische en Sociale Geografie, 64(1973),
                 S.77-85

Dordregter,P.P.: The City Region as a Displacement System.
                 Operationalization and the Theory in Practical
                 Research. In: Tijdschrift voor Economische
                 en Sociale Geografie, 60 (1969), S.155-167

Downs, R.M.:   The Cognitive Structure of an Urban Shopping
                 Center. In: Environmental Behavior, Vol.2
                 (1970), S.13-39

Duckert,W.:   Der Strukturbegriff in Landschaft und Raum-
                 forschung. In: Aktuelle Probleme geographi-
                 scher Forschung. Festschrift für J.H.Schultze =
                 Abhandlungen des ersten Geographischen Insti-
                 tuts der Freien Universität Berlin, Bd.13
                 (1970), S.421-442

Dunn,E.S.:   A Flow Network Image of Urban Structures.
                 In: Urban Studies, Vol.7 (1970), S.239-258

Ekel, D.:   Die Bedeutung der Indifferenzkurvenanalyse
                 für die ökonomische Theorie. In: Schmollers
                 Jahrbuch, Bd.91 (1971), S.447-459

Evans,A.W.:   The Pure Theory of City Size in an Industrial
                 Economy. In: Urban Studies, Vol.9 (1972),
                 S.49-77

Fürst,G.:   Zur Aussagekraft von Preisindexziffern der
                 Lebenshaltung. In: E.undM.Streissler (Hrsg.):
                 Konsum und Nachfrage, Köln und Berlin, 1966,
                 S.395-404

Ganser,K.:   Planungsbezogene Erforschung zentraler Orte
                 in einer sozialgeographisch prozessualen
                 Betrachtungsweise. In: Münchener Geographi-
                 sche Hefte, Nr.34, 1964, S.41-51

Garner,B.J.:   Modells of Urban Geography and Settlement
                 Location. In: R.J.Chorley, P.Hagett (Hrsg.):
                 Socio-Economic Modells in Geography, London
                 1967, S.303-360

Golledge,R.G. and Brown,L.A.: Search, Learning, and the Market Decision Process. In: Geographiska Annaler, 49(1967), S.116-124

Green,P.E., Halbert,M.H. and Robinson,P.: An Experiment in Probability Estimation. In: Journal of Marketing Research, Vol.2 (1965), S.266 ff.

Gustafsson,K. und Söker,E.: Bibliographie zum Untersuchungsobjekt "Zentrale Orte in Verdichtungsräumen", Akademie für Raumforschung und Landesplanung, Arbeitskreis "Zentralörtliche Erscheinungen in Verdichtungsräumen", 1971

Hansen, F.: Consumer Choice Behavior, A Cognitive Theory, New York, London, 1972

Hantschel,R.: Entwicklung, Struktur und Funktion kleiner Städte in einem Ballungsgebiet, dargestellt an Beispielen aus dem südlichen Umland von Frankfurt/Main. In: W.Fricke, R.Hantschel, und G.Jacobs: Untersuchungen zur Bevölkerungs- und Siedlungsentwicklung im Rhein-Main-Gebiet, Frankfurt M, 1971, S.75-222

Harvey,D.W.: Pattern, Process and the Scale Problem in GeographicalResearch. In: Institute of British Geographers (Transaction), Vol.45 (1968), S.71-78

Hodge,G.: The Prediction of Trade Center Viability in the Great Plains. In: Papers of the Regional Science Association, Vol.15 (1965), S.87-115

Holdren,B.R.: The Structure of Retail Market and the Market Behavior of Retail Units, Englewood Cliff N.J., 1960

Holly, B.P. and Wheeler, J.O.: Patterns of Retail Location and Shopping Trips of Low-Income-Households. In: Urban Studies, Vol.9 (1972), S.215-220

Horton,F.E. and D.R.Reynolds: Effects of Urban Spatial Structure on Individual Behavior. In: Economic Geography, Vol.47 (1971), S.36-48

Huff, D.L.: Ecological Characteristics of Consumer Behavior. In: Papers and Proceedings of the Regional Science Association, Vol.7 (1961), S.19-28

Huff, D.L.: A Topographical Modell of Consumer Space Preference. In: Papers and Proceedings of the Regional Science Association, Vol.6 (1960), S.159-174

Imobersteg,M.: Die Entwicklung des Konsums mit zunehmendem Wohlstand. Bestimmungsgründe und Auswirkungen, Zürich, St.Gallen 1967

Isard,W.:   Location and Space Economy. A General Theory
Relating to Industrial Location, Market
Areas, Land Use, Trade, and Urban Structure,
Cambridge (Massachusetts), London,1956,
6.Aufl. 1968

Isenberg,G.:   Bestimmungsgründe für Umfang und Richtung
im Personenverkehr. In: Aufgabenteilung im
Verkehr, Veröffentlichungen der Akademie
für Raumforschung und Landesplanung, For-
schungs- und Sitzungsberichte, Bd.24,
(1963), S.129-149

Isenberg,G.:   Die Ökonomischen Bestimmungsgründe der
räumlichen Ordnung, hrsg.v.Ifo-Institut für
Wirtschaftsforschung, München 1967

Jochimsen,R. und Treuner,P.: Zentrale Orte in ländlichen
Räumen, Bad Godesberg 1967 (Mitteilungen
aus dem Institut für Raumforschung, Heft 58)

Johnston,R.J. and Rimmer,P.J.: A Note on Consumer Behavior
in an Urban Hierarchy. In: Journal of
Regional Science, Vol.7 (1967), S.161-166

Katona,G.:   Das Verhalten der Verbraucher und Unternehmer,
Tübingen 1960

Katona,G. und Mueller,E.: A Study of Purchase Decisions.
In: L.H.Clark (Hrsg.): Consumer Behavior
I. The Dynamic of Consumer Relations,
New York, 1955, S.30 ff.

Kau, W.:   Theorie und Anwendung raumwirtschaftlicher
Potentialmodelle. Ein Beitrag zur Regional-
forschung, Tübingen 1970

Klatt,S.:   Ortsgröße und Verkehrsqualität. In: Industrie
und zentrale Orte, Veröffentlichungen der
Akademie für Raumforschung und Landesplanung,
Forschungs- und Sitzungsberichte, Bd.49
(1969), S.23-62

Klatt,S.:   Die Theorie der Engel-Kurven. In: Jahrbuch
für Sozialwissenschaften, Bd.4/10 (1959),
S.274-309

Klemmer,P.:   Der Metropolisierungsgrad der Stadtregionen.
                In: Veröffentlichungen der Akademie für
                Raumforschung und Landesplanung, Abhandlungen,
                Bd.62 (1971)

Klingbeil,D.:   Zur sozialgeographischen Theorie und Er-
                fassung des täglichen Berufspendels. In:
                Geographische Zeitschrift, Bd.57 (1969),
                S.108-131

Klöpper,R.:   Methoden zur Bestimmung der Zentralität von
                Siedlungen. In: Geographisches Taschenbuch,
                1953, S.512-519

Klöpper,R.:   Zentrale Orte und ihre Bereiche. In: Hand-
                wörterbuch der Raumforschung und Raumordnung,
                2.Aufl., Bd.3, Hannover, 1970, S.3849-3860

Kluczka,G.:   Die Entwicklung der zentralörtlichen For-
                schung in Deutschland. In: Berichte zur deut-
                schen Landeskunde, Bd.38 (1967), S.275-304

Kluczka,G.:   Südliches Westfalen in seiner Gliederung nach
                zentralen Orten und zentralörtlichen Bereichen.
                In: Forschungen zur deutschen Landeskunde,
                Bd.182 (1971)

Kluczka, G.:   Zentrale Orte und zentralörtliche Bereiche
                mittlerer und höherer Stufe in der Bundes-
                republik Deutschland. In: Forschungen zur
                Deutschen Landeskunde, Bd.194 (1970), S.1-46

Kroner,G.:   Die zentralen Orte in Wissenschaft und
                Raumordnungspolitik. In: Informationen des
                Instituts für Raumforschung, 14.Jg. (1964),
                Nr.13, S.421-456

Kuhlmann,E.:   Das Informationsverhalten der Konsumenten,
                Freiburg, 1970

Lange,S.:   Die Verteilung von Geschäftszentren im Ver-
                dichtungsraum. Ein Beitrag zur Dynamisierung
                der Theorie der zentralen Orte. In: Zentral-
                örtliche Funktionen in Verdichtungsräumen.
                Veröffentlichungen der Akademie für Raumfor-
                schung und Landesplanung, Forschungs- und
                Sitzungsberichte, Bd.72 (1972), S.7-48

Lange,S.:   Wachstumstheorie zentralörtlicher Systeme.
                Eine Analyse der räumlichen Verteilung von
                Geschäftszentren, hrsg.v.Institut für Sied-
                lungs- und Wohnungswesen und Zentralinstitut für
                Raumplanung der Universität Münster, Münster
                1973 = Beiträge zum Siedlungs- und Wohnungs-
                wesen und zur Raumplanung, Bd.5

Lanzanetta,J.T. and Kanareff,V.T.: Information Cost, Amount of Payoff and Level of Aspiration as Determinants of Information Seeking in Decision Making. In: Behavioral Science, Vol.7/4 (1962), S.459 ff.

Lewis, J.P.: Profitability in a Shopping-Modell. In: Urban Studies, Vol.8 (1971), S.285-288

Lösch,A.: Die räumliche Ordnung der Wirtschaft, 3.Aufl., Stuttgart, 1962

Marr,P.D.: Toward a more Flexible Equilibrium Theory of Service Center Location and Development. In:The Annals of Regional Science, Vol.3 (1969), S.159-167

Marshall,J.U.: The Location of Service Towns: An Approach to the Analysis of Central Place Systems, Toronto, 1969

Mays, C.E.: The Dynamics of Retail Growth: An Investigation of the Long-Run and Short-Run Adjustments of Activities in the Growth and Decline of Retail Nucleations. Dissertation, University of Washington, 1972

Meichsner,E.: Wirtschaftsstrukturelle Probleme großer Siedlungszentren. Ein empirischer Beitrag zur Frage des Zusammenhangs zwischen Wettbewerbs- position und Standort des Einzelhandels, Münster 1968

Meier,R.L.: A Communication Theory of Urban Growth, New York, 1965

Meinke,D.: Das Gravitations- und Potentialkonzept als Abgrenzungsmethode großstädtischer Einflußbe- reiche. In: Zeitschrift für Nationalökonomie, Bd.31 (1971), S.453-473

Meyer-Dohm,P.: Sozialökonomische Aspekte der Konsumfreiheit. Untersuchungen zur Stellung des Konsumenten in der marktwirtschaftlichen Ordnung, Freiburg Br., 1965 (= Beiträge zur Wirtschaftspolitik, Bd.1, hrsg.v.E.Tuchtfeldt)

Moewes,W.: Kleinräumliche Systemanalyse als notwendige Voraussetzung einer gezielten Gebietsentwicklung, erläutert an den Teilräumen Mittelhessens. In: Geographische Rundschau, Bd.25 (1973), S.165-177

Moore, F.T.: A Note on City Size Distributions. In: Economic Development and Cultural Change, Vol.7 (1959), S.465-466

Morrill, R.L.: Marriage, Migration, and the Mean Information Field: A Study in Uniqueness and Generality. In: Annals of the Association of American Geographers, Vol.57 (1967), S.401-422

Müller, J.H.: Grundlagen einer allgemeinen Theorie der Wahlakte. In: Jahrbuch für Natbnalökonomie und Statistik, Bd.164 (1952), S.81-119 und S.186-214

Müller, J.H. und Klemmer, P.: Das theoretische Konzept Walter Christallers als Basis einer Politik der zentralen Orte. In: Zentrale Orte und Entwicklungsachsen im Landesentwicklungsplan, Veröffentlichungen der Akademie für Raumforschung und Landesplanung, Forschungs- und Sitzungsberichte, Bd.56 (1969), S.13-20

Müller, U. und Neidhardt, J.: Einkaufs-Orientierung als Kriterium für die Beziehung von Größenordnung und Struktur kommunaler Funktionsbereiche. Untersuchungen auf empirisch-statistischer Grundlage in den Gemeinden Reichenbach an der Fils, Baltmannsweiler, Weil der Stadt, Münklingen, Leonberg-Ramtel, Schwaikheim. In: Stuttgarter Geographische Studien (hrsg.v.W.Meckelein und Ch.Borcherdt), Bd.84 (1972)

Muncaster, R.W.: A Modell for Mixed Urban Place Hierarchies: An Application to the London, Ontario Urban-Place Systems, Dissertation, University of Worcester (Massachusetts), 1972

Murphy, P.E.: A Study of the Influence of Attitude, as a Behavioral Parameter on the Spatial Choice Patterns of Consumers, Dissertation, Ohio State University, 1970

Niclas, M.: Zur Analyse von Verflechtungsbereichen zentraler Orte, Freiburg, 1968

Nicosia, F.M.: Consumer Decision Processes, Englewood Cliffs, 1966

Niedercorn, J.H. and Bechdolt, B.V., jr.: An Economic Derivation of the Gravity Law of Spatial Interaction. In: Journal of Regional Science, Vol.9 (1969), S.273-282

Olsson,G.: Central Place Systems, Spatial Interactions, and Stochastic Process. In: Papers of the Regional Science Association, Vol.18 (1967), S.13-45

Olsson,G. und Gale,S.: Spatial Theory and Human Behavior. In: Papers of the Regional Science Association, Vol.21 (1968), S.229-242

Parr, J.B. and Denicke,K.G.: Theoretical Problems on Central Place Analysis. In: Economic Geography, Vol.46, (1970), S.568-586

Preston,R.E.: The Structure of Central-Place-Systems In: Economic Geography, Vol.47 (1971), S.136-155

Reilly,W.J.: Methods for the Study of Retail Relationships, University of Texas, Bulletin 2944, 1929

Richardson, H.W.: Regional economics. Location theory, urban structure and regional change, London, 1969

Roseman, C.C.: Migration as a Spatial and Temporal Process. In: Annals of the Association of American Geographers, Vol.61 (1971), S.589-598

Rowley,G.: Central Places in Rural Wales, a Study of Consumer Behavior. In: Annals of the Association of American Geographers, Vol.61 (1971), S.537-551

Rowley,G.: Spatial Variations in the Prices of Central Goods. A Preliminary Investigation. In: Tijdschrift voor Economische en Sociale Geografie, 63 (1972), S.360-368

Ruppert,K. und Schaffer,F.: Zur Konzeption der Sozialgeographie. In: Geographische Rundschau, Bd.21 (1969), S.205-214

Rushton,G.: Analysis of Spatial Behavior by Revealed Space Preferences. In: Annals of the Association of American Geographers, Vol.59 (1969), S.391-400

Rushton,G., Golledge,R.G. and Clark, W.A.V.: Formulation and Test of a Normative Model for Spatial Allocation of Grocery Expenditures by a Dispersed Population. In: Annals of the Association of American Geographers, Vol.57 (1967), S.389-401

Saey, P.:   Three Fallacies in the Literature on Central
              Place Theory. In: Tijdschrift voor Economische
              en Sociale Geografie, 64 (1973), S.181-194

Sättler,M.:   Ein ökonomisches Simulationsmodell für
              zentrale Orte als Instrument der Stadtent-
              wicklung, Meisenheim am Glan, 1973

Sedlacek,P.: Zum Problem intraurbaner Zentralorte, darge-
              stellt am Beispiel der Stadt Münster. In:
              Westfälische Geographische Studien, Münster,
              1973

Seger,M.:   Sozialgeographische Untersuchungen im Vor-
              feld von Wien. In: Mitteilungen der Öster-
              reichischen Geographischen Gesellschaft, Bd.14
              (1972), S.291-323

Skinner,G.W.: Marketing and Strukture in Rural China.
              In: Journal of Asian Studies, Vol.24 (1964),
              S.3-43

Stigler,G.J.: The Economics of Information. In: The Jour-
              nal of Political Economy, Vol.69 (1961)
              S.213-225

Streissler,E. und M.: Einleitung zu: E. und M.Streissler
              (Hrsg.): Konsum und Nachfrage, Köln und Berlin,
              1966, S.13-147

Thompson, D.J.: Future Directions in Retail Area Research.
              In: Economic Geography, Vol.42 (1966),
              S.1-18

Thünen,J.H.von: Der isolierte Staat in Beziehung auf
              Landwirtschaft und Nationalökonomie, Hamburg
              1826

Tinbergen,J.: The Hierarchy Model of the Size Distribu-
              tion of Centers. In: Papers of the Regional
              Science Association, Vol.20 (1967), S.64-68

Ullmann, E.L.: A Theory of Location of Cities. In:
              American Journal of Sociology, Vol.46
              (1941) S.853-864

Vining,R.:   A Description of Certain Spatial Aspects of
              an Economic System. In: Economic Development
              an Cultural Change, Vol.3 (1954/1955)
              S.147-195

Wagner,H.G.: Der Kontaktbereich Sozialgeographie -
              Historische Geographie als Erkenntnisfeld
              für eine theoretische Kulturgeographie.

Wagner,H.G.:   In: G.Braun (Hrsg.): Räumliche und
(Fortstzg.)   zeitliche Bewegungen, Methodische und regio-
                  nale Beiträge zur Erfassung komplexer
                  Räume. Würzburger Geographische Arbeiten,
                  Heft 37(1972), S.29-52

Weber,M.:   Wirtschaft und Gesellschaft, Grundriß
                  einer verstehenden Soziologie, Studien-
                  ausgabe, hrsg.v. J.Winckelmann, 2.Halbband,
                  Köln,Berlin 1964

Wheaton,W.C.:   Income and Urban Location, Dissertation,
                  University of Pensylvania, 1972

Wirth,E.:   Zum Problem einer allgemeinen Kulturgeo-
                  graphie. In: Die Erde, Jahrg.100 (1969),
                  S.155-193

Wittmann, W.:   Unternehmung und unvollkommene Information.
                  Unternehmerische Voraussicht, Ungewiß-
                  heit und Planung, Köln und Opladen, 1959

Wolpert,J.:   Behavioral Aspects of the Decision to
                  Migrate. In: P.W.English and R.C.Mayfield
                  (Hrsg.): Man, Space, and Environment,
                  Concepts in Contemporary Human Geography,
                  New York, London, Toronto 1972, S.401-410

Yuill, R.S.:   Spatial Behavior of Retail Customers, some
                  Empirical Measurements. In: Geografiska
                  Annaler, 49 A-B (1967), S.105-115

Zipf, G.K.:   Human Behavior and the Principles of Least
                  Effort, Cambridge, 1949

Sonstiges:

Bundesraumordnungsgesetz v.8.4.1965
Jahreswirtschaftsgutachten 1965 des Sachverständigenrates zur Begutachtung der gesamtwirtschaftlichen Entwicklung. In: Verhandlungen des Deutschen Bundestages,
5.Wahlperiode, Bundestagsdrucksache v/123 v.15.Dez.1965

Raumordnungsbericht der Bundesregierung 1968, In : Verhandlungen des Deutschen Bundestages, 5.Wahlperiode, Bundestagsdrucksache v/3958 v.12.März 1969